AF377705

Logística de la carga aérea

Carlos Vila

Con la colaboración de:

www.logisnet.com

Colección: BIBLIOTECA DE LOGÍSTICA
Director: David Soler

LOGÍSTICA EN LA CARGA AÉREA
1.ª edición, 2004
2.ª edición, 2015

© 2004, 2015 Carlos Vila López
© de esta edición, incluido el diseño de la cubierta, ICG Marge, SL

Edita: Marge Books
València, 558 – 08026 Barcelona
Tel. 931 429 486 – marge@margebooks.com
www.margebooks.com

Gestión editorial: Hèctor Soler, Neus Piñol
Impresión: Safekat, SL (Madrid)

Edición impresa: ISBN 978-84-86684-22-8
Edición digital: ISBN 978-84-16171-66-8
Depósito Legal: B-14697-2015

 El papel empleado en este libro no ha sido blanqueado con cloro elemental (CI$_2$).

Índice

Capítulo 4

Capítulo 5

Capítulo 6

Capítulo 7

Capítulo 8

Capítulo 9

Introducción

El año 2003 se cumplió el centenario de la fecha en que dos hermanos de apellido Wright, mecánicos de bicicletas, fueron capaces de volar con un aparato propulsado y más pesado que el aire, hecho que marcó el inicio de la aviación.

Posiblemente, ambos hermanos no imaginaron en aquel entonces la enorme repercusión que su hazaña iba a suponer en los distintos ámbitos de la vida: negocios, cultura, ocio, comercio, etc.

En poco más de cien años, la aviación ha tenido un desarrollo espectacular en todos sus ámbitos, con una industria en continuo auge impulsada por las necesidades y las demandas cada día mayores de la sociedad. Este desarrollo no sólo se ha reflejado en el diseño y la fabricación de aeronaves, sino que ha inducido la evolución y la constante adaptación de las infraestructuras, los equipos de ayuda a la navegación, etc. Con ello se ha configurado un gran entramado industrial y de servicios, creador de riqueza, y se ha dado ocupación a cientos de miles de trabajadores en puestos de trabajo directos, indirectos e inducidos.

El transporte aéreo de carga no ha sido ajeno a esta evolución, pasando de un transporte de cartas y documentos a un transporte de prácticamente todo tipo de productos o bienes. En la actualidad, gran parte de los productos que consumimos son transportados en avión, desde los de uso industrial a los de consumo humano, enmarcados en la totalidad de los sectores productivos: agrícolas, farmacéuticos, ganaderos, alimentación, automoción, artes gráficas, vestido, calzado, electrónica, etc., utilizando las bodegas de los aviones que transportan pasajeros o bien haciendo uso de aeronaves específicas y de dedicación exclusiva para el transporte de mercancías.

La constante evolución del transporte aéreo de carga se hace extensiva a todos los sectores productivos, así como a todas las organizaciones y operadores que integran la cadena logística de transporte; desde el propio exportador o expedidor hasta el importador o el consignatario del producto. La complejidad de las relaciones que se derivan de todo ello se traduce en la necesidad de una continua revisión y mejora de los procesos, las normativas, las regulaciones, etc., y la implantación de los mismos en áreas concretas de las nuevas tecnologías. La realización de los despachos de aduana, las peticiones de reserva de espacio en los vuelos, la información de horarios de vuelos en tiempo real, el seguimiento de las expediciones, etc., a través de internet o con los sistemas de información de la industria, son algunos ejemplos de lo que actualmente es habitual en el negocio de la carga aérea, al igual que la robotización de los almacenes y la aplicación de códigos de barras en el etiquetado, por ejemplo. Esta continua evolución exige una puesta al día permanente de los profesionales del sector del transporte aéreo de carga.

En mi dilatada vida profesional, desarrollada casi totalmente en la compañía Iberia, han sido numerosas las actividades o áreas en las que he intervenido; sin embargo, puedo afirmar que en ninguna de ellas encontré profesionalmente mayor satisfacción personal que en los últimos quince años dedicados a la actividad de la carga aérea.

Esta obra no pretende ser estrictamente un manual de trabajo y de formación. Para este cometido existen diversos manuales, publicados por asociaciones y entidades oficiales de ámbito internacional. Mi propósito ha sido exponer de forma concisa mis conocimientos y mi experiencia en los sectores y actividades que intervienen en la cadena de transporte y la logística del transporte aéreo de mercancías: aeropuertos, aeronaves, transportistas, agentes económicos, servicios de la Administración, etc., con la intención de despertar en los sectores productivos y de servicios el interés y la necesidad de profundizar en el conocimiento de las múltiples posibilidades que ofrece este modo de transporte y sus beneficios para el comercio. De conseguirlo, creo que habrán sido bien empleadas las horas dedicadas a su elaboración.

Carlos Vila López

Capítulo 1
La aviación

1. Inicios y evolución histórica

El 17 de diciembre de 1903, en Kitty Hawk (Carolina del Norte, en EEUU), la proeza de los hermanos Wilbur y Orville Wright marcó el inicio de la aviación al conseguir volar con un biplano propulsado a motor, recorriendo una distancia de 260 m en 59 segundos.

Figura 1.1. Avión Flyer de los hermanos Wright.

Por primera vez, un aparato más pesado que el aire y con un motor de explosión logró un ascenso, un vuelo y un descenso controlado. Para ello habían sido necesarios varios años de pruebas y más de mil intentos. El avión, un Flyer construido por los hermanos Wright en Dayton (Ohio) fue pilotado por Orville Wright, constaba de una superficie alar de 12,3 m; 6,4 m de longitud; 2,8 m de altura; 274 kg de peso, y estaba impulsado por un motor de gasolina de 12 hp.

En 2003 se celebró el centenario del primer vuelo mundial y, con este motivo, en EEUU se construyeron réplicas del primer avión en madera y tela, para ayudar a entender cómo, mientras otros fracasaban, dos mecánicos de bicicletas y sin educación universitaria consiguieron tal proeza.

Los intentos de registrar las patentes de su invento obligaron a los Wright a invertir importantes recursos económicos. Los posibles usos militares que comenzaban a vislumbrarse para los aviones y los importantes intereses económicos en juego no parecían ser ajenos a las dificultades que encontraban para el registro.

En 1906 se produjeron los primeros pasos en Europa. El aviador brasileño Alberto Santos Dumont consiguió volar una distancia de 220 m durante 21 segundos.

2. Líneas aéreas y aviones comerciales

El 16 de noviembre de 1909 se fundó la primera compañía aérea del mundo. Denominada Deutsche Luftschiffahrts, AG, y conocida como "Delag", con sede en Frankfurt-am-Main (Alemania), su finalidad fue realizar vuelos de pasajeros en dirigibles Zeppelin adiestrando para ello a sus propias tripulaciones.

Cuando estalló la Primera Guerra Mundial, la Delag ya había operado con siete aeronaves, realizando 1.588 vuelos que recorrieron una distancia global de 172.335 km y transportaron un total de 33.722 personas.

No obstante, los primeros servicios programados antes de la Gran Guerra comenzaron en Florida, en 1913, con la línea St. Petersburg-Tampa.

El siguiente paso en el establecimiento de servicios aéreos tuvo lugar en el Reino Unido. Todavía en el marco de la Gran Guerra europea, la Royal Air Force dispuso un escuadrón de comunicaciones para proporcionar un transporte más rápido entre Londres y París a los miembros del Gobierno y a otros funcionarios que asistían a una Conferencia de Paz. Ello fue el inicio de los servicios aéreos a través del canal de la Mancha.

3. Evolución de la aviación

Cuando estalló la Primera Guerra Mundial, en 1914, todas las potencias europeas contaban ya con una fuerza aérea militar. Dirigibles y aviones eran utilizados primero en misiones de reconocimiento y pronto se convirtieron en mortíferas armas bélicas. La creciente importancia que la aviación fue ganando a lo largo del conflicto bélico produjo una demanda masiva de aparatos que se tradujo, lógicamente, en un constante perfeccionamiento de su proceso de producción.

El destacado papel que la aviación había alcanzado durante el conflicto bélico no dejaba dudas sobre sus posibilidades, no sólo militares sino también civiles y comerciales. La guerra incrementó el desarrollo de la aeronáutica, y se comenzó a producir aparatos con mayor capacidad de carga, más autonomía de vuelo, mayor velocidad y mejor seguridad.

El aumento de la frecuencia de los vuelos también amplió los conocimientos sobre la navegación aérea. La radio permitió a las tripulaciones comunicarse con sus bases, recibir información meteorológica e indicaciones para sus maniobras. Como consecuencia, las fábricas crecieron y se multiplicaron.

En 1933 apareció el primer monoplano metálico enteramente construido en América: el Boeing 247. Presentaba varias novedades, como un tren de aterrizaje retráctil, hélices de paso variable, piloto automático, etc.

Figura 1.2. Avión DC-3 "Dakota", propulsado a hélice.

A continuación apareció el avión más famoso de la historia, el Douglas DC-3 "Dakota", del que se llegaron a construir 30.000 unidades, algunas de las cuales todavía siguen volando en nuestros días, y que se utiliza tanto para viajes de placer o negocios como para servicios de carga y correo.

Figura 1.3. Avión a reacción Comet 4.

Al igual que había ocurrido durante la Primera, la Segunda Guerra Mundial imprimió una aceleración todavía mayor a la evolución aeronáutica. Comenzaba a vislumbrarse, también, el inicio del fin de una era, la del vuelo propulsado a hélice.

Las investigaciones permitieron a los ingleses fabricar y poner en servicio el primer avión a reacción de uso comercial: el Comet 4, que en mayo de 1952 realizó su vuelo inaugural con pasajeros. Este hecho produjo una verdadera revolución en los servicios aéreos comerciales.

En la década de los sesenta del pasado siglo los aviones a reacción desplazaron casi completamente a los aviones a hélices. Paralelamente, varias fábricas comenzaron a investigar el desarrollo de aparatos capaces de superar la velocidad del sonido, aptos para vuelos comerciales.

Figura 1.4. Avión comercial de velocidad supersónica Tupolev 144.

Figura 1.5. Avión supersónico Concorde.

Boeing pronto interrumpió sus estudios, al limitar la legislación norteamericana el uso de dichos aparatos sobre su territorio. Por otro lado, si bien Francia y el Reino Unido se asociaron para el desarrollo de un proyecto común, finalmente los soviéticos fueron los primeros en presentar un avión comercial de velocidad supersónica, el Tupolev 144, que voló a fines de 1968, tres meses antes de que lo hiciera el anglofrancés Concorde.

Figura 1.6. Avión correo.

El primero de ellos dejó de volar por el alto costo de sus operaciones, lo que en el caso del Concorde se produjo finalmente a lo largo de 2003.

4. Comienzos del transporte aéreo comercial

El 25 de agosto de 1919 la Aircraft Transport and Travel inauguró oficialmente el servicio Londres-París con un avión Havilland 16 y cuatro pasajeros a bordo. El citado aparato realizó su salida del aeropuerto civil de Hounslow, cercano al lugar donde se encuentra actualmente el aeropuerto de Heathrow, en Londres.

No obstante, en la mañana del mismo día partió del mismo aeropuerto un avión DH4ª con un pasajero y mercancías, considerándose con frecuencia este vuelo como el primero de carácter comercial.

5. Inicios del transporte de carga

EEUU dio especial importancia al servicio de correos. Así, el 15 de mayo de 1918 se puso en funcionamiento el servicio de correos entre Washington, Filadelfia y Nueva York con pilotos del ejército, utilizando los biplanos Curtis JN-4.

En agosto del mismo año, la oficina Postal se hizo cargo del servicio postal norteamericano, y en 1922 se establecieron las condiciones para mejorar las rutas postales. Los aeródromos fueron equipados con balizas luminosas, mojones, luces de señalización y reflectores en la zona de aterrizaje.

En 1925 la Ryan Airlines inició su línea aérea Los Ángeles-San Diego, siendo el primer servicio que logró ser sostenido durante todo el año.

Durante 1926 y 1927 el Departamento Postal de EEUU desvió los contratos de sus servicios aéreos a compañías privadas y se promulgó la Contract Air Mail Act

(Ley de Contratación de Servicios Postales Aéreos). En ella se fijaban las pautas para transferir el transporte de correspondencia a operadores privados y la siguió la Air Commerce Act (Acta del Comercio Aéreo), que delegaba en la Secretaría de Comercio la función de designar y establecer las rutas aéreas para el transporte de correo y pasajeros.

En los años siguientes la historia del transporte aéreo de EEUU fue sumamente dificultosa, como consecuencia de la existencia de numerosas compañías aéreas que competían por los contratos de los servicios postales. Aunque algunas de ellas eran modestas, otras estaban respaldadas por grandes empresas financieras íntimamente relacionadas con la industria aeronáutica.

La gran mayoría de los transportistas hacían uso del transporte de pasajeros como medio de completar la carga o bien no se dedicaban a este tipo de transporte. Sin embargo, para la PRT, con sus aviones Fokker FVIIa-em, la prioridad era el transporte de pasajeros y completaba la capacidad del avión con el correo.

El 19 de febrero de 1934 se realizó en EEUU el último vuelo postal, después de que el presidente Roosevelt cancelara todos los contratos y encargara al US Army Air Corps la realización de los servicios postales aéreos. Las rutas se redujeron a la mitad y se destinaron 150 aviones de diferentes tipos pero, debido a varios factores, el resultado fue negativo: antes de realizarse el último servicio, el 1 de junio de ese año, habían fallecido diez pilotos. Posteriormente, las grandes compañías (American Airlines, Eastern Airlines, TWA Inc. y United Air Lines) se reorganizaron y obtuvieron 15 de los 32 nuevos contratos.

6. OACI

La OACI (Organización de Aviación Civil Internacional), tiene su origen en una convención internacional organizada por los aliados, vencedores de la Segunda Guerra Mundial, y países neutrales, con el fin de organizar y reglamentar el uso de la aviación civil internacional con posterioridad al conflicto. En esta convención se redactó un convenio que adoptó el nombre de la ciudad en la que se celebró, Convenio de Chicago, que fue firmado el 7 de diciembre de 1944.

Del Convenio de Chicago surgió una primera Organización Provisional de Aviación Civil Internacional (OPAC), que redactó los primeros Anexos al Convenio de Chicago. Una vez obtenidas las ratificaciones por parte de los Estados, convocó en Montreal (Canadá) la primera asamblea, donde definitivamente adquirió su actual denominación.

Posteriormente, al crearse la Organización de las Naciones Unidas (ONU), la OACI se incorporó a ella como organismo descentralizado rector de la aviación civil internacional, manteniendo la estructura establecida en el Convenio de Chicago y sus distintos anexos. En ellos se establecen las normas mínimas necesarias para la seguridad de vuelo, que los Estados integrantes están obligados a cumplir, y los métodos recomendados, conteniendo procedimientos considerados necesarios a los cuales los Estados han de tratar de ajustarse.

El gobierno de la OACI es ejercido por una asamblea que se reúne cada tres años, y se mantiene un consejo integrado por 33 Estados a cargo de la gestión entre asambleas.

Paralelamente, dentro de la OACI funcionan dos grupos específicos:

Comisión de Navegación Aérea

Esta comisión está compuesta por 13 miembros elegidos por el Consejo entre los técnicos cualificados propuestos por la totalidad de los Estados integrantes (185).

Comité de Transporte Aéreo

Este Comité está integrado por representantes de Estados pertenecientes al Consejo.

El convenio sobre la aviación civil internacional (Convenio de Chicago), nació con el objetivo de desarrollar los principios y técnicas de la navegación aérea internacional y fomentar la organización y el desenvolvimiento del transporte aéreo internacional, para:

- Lograr el desarrollo seguro y ordenado de la aviación civil internacional en todo el mundo.

- Fomentar las técnicas de diseño y manejo de aeronaves para fines pacíficos.

- Estimular el desarrollo de aerovías, aeropuertos e instalaciones y servicios de navegación aérea para la aviación civil internacional.

- Satisfacer las necesidades de los pueblos del mundo respecto a un transporte seguro, regular, eficaz y económico.

- Evitar el despilfarro económico producido por una competencia excesiva.

- Asegurar que se respeten plenamente los derechos de los Estados firmantes y que cada Estado tenga la oportunidad equitativa de explotar empresas de transporte aéreo internacional.

- Evitar la discriminación entre los Estados contratantes.

- Promover la seguridad de vuelo en la navegación aérea internacional.

- Promover, en general, el desarrollo de la aeronáutica civil internacional en todos sus aspectos.

El Convenio de Chicago estableció el compromiso de los Estados miembros de notificar la denuncia de la Convención sobre Reglamentación de la Navegación Aérea, suscrita en París el 13 de octubre de 1919, o de la Convención sobre Aviación Comercial, suscrita en La Habana el 20 de febrero de 1928, si formaban parte de cualquiera de ellas.

Las normas y métodos recomendados se han establecido por conveniencia práctica como Anexos al Convenio, siendo los siguientes:

Anexo 1. Licencias al personal.
Anexo 2. Reglamento del aire.
Anexo 3. Servicio meteorológico para la navegación aérea internacional.
Anexo 4. Cartas aeronáuticas.
Anexo 5. Unidades de medida que se emplearán en operaciones aéreas y terrestres.
Anexo 6. Operación de aeronaves.
Anexo 7. Marcas de nacionalidad y de matrícula de las aeronaves.
Anexo 8. Aeronavegabilidad.
Anexo 9. Facilitación.
Anexo 10. Telecomunicaciones aeronáuticas.
Anexo 11. Servicios de tránsito aéreo.
Anexo 12. Búsqueda y salvamento.
Anexo 13. Investigación de accidentes e incidentes de aviación.
Anexo 14. Aeródromos.
Anexo 15. Servicios de información aeronáutica.
Anexo 16. Protección del medio ambiente.
Anexo 17. Seguridad.
Anexo 18. Transporte sin riesgos de mercancías peligrosas por vía aérea.

7. IATA

IATA (International Air Transport Association) es el acrónimo de la Organización Internacional de Transporte Aéreo, de la cual forman parte las compañías aéreas. Fue fundada en 1919 como Asociación Internacional de Tráfico Aéreo y reúne, aproximadamente, a 280 de las principales compañías aéreas del mundo. Las operaciones de estas compañías representan más del 95 % del tráfico aéreo regular internacional.

La IATA es una asociación sin fines políticos y de adscripción voluntaria que sirve como foro de las compañías aéreas para desarrollar programas comunes y sistemas unificados para el mejor funcionamiento del transporte aéreo. Su misión es representar y servir a las compañías aéreas, ayudando a que las aeronaves de las compañías miembros puedan operar de forma segura, eficiente y económicamente bajo reglas claramente definidas.

Para ello, la Asociación realiza una eficaz labor de representación, asesoramiento, publicaciones, estudios, formación y cooperación con organismos internacionales, entre otros aspectos.

Todas las compañías aéreas tienen una codificación de IATA, con la cual se les distingue sin necesidad de designarles por el nombre completo. Esta codificación tiene dos dígitos alfabéticos pero, debido al incremento del número de compañías, hoy en día se está implantando de forma generalizada la codificación de tres dígitos alfabéticos.

Todos los documentos contables de las compañías aéreas constan en su numeración de un prefijo numérico de tres dígitos con el cual se identifica a qué compañía pertenece el documento. En la tabla 1.1 se indican algunos ejemplos de los prefijos establecidos para cada compañía, los códigos de dos dígitos de la IATA y de tres dígitos de la OACI.

Compañía	Prefijo	Código IATA	Código OCT
Aerolíneas	044	AR	ARG
Air	057	AF	AFR
American	001	AA	AAL
British	125	BA	BAW
Cargolux	005	CV	CLX
Continental	005	CO	COA
Iberia	075	IB	IBE
TAP	047	TP	TAP
Varig	042	RG	VRG

Tabla 1.1. Ejemplos de prefijos de la IATA y la OACI.

Capítulo 2
El comercio

1. El comercio internacional

Desde que el transporte prestó servicio a los mercaderes mediante el tráfico de especies, metales preciosos, productos manufacturados, etc., se dieron los primeros pasos del comercio internacional. No obstante, con la revolución industrial el comercio alcanzó una escala continental e intercontinental. Con ello también se dio inicio a los mercados internacionales y a la interdependencia entre los países.

La revolución industrial, nacida en el Reino Unido, y su expansión fueron la base del imperio económico de esta nación europea, que en el siglo XIX creó una base industrial internacional, permitiendo modificar sustancialmente la producción de los bienes de consumo existentes en la época.

A comienzos del siglo XX, con el desarrollo de la producción en serie, en EEUU se transformaron los sistemas de producción y comercialización, mediante grandes cadenas de montaje y el uso de piezas intercambiables.

En el comercio internacional, la producción en línea consiguió alcanzar las denominadas "economías de escala", lo que significó que un limitado número de fábricas fueron capaces de abastecer en todo el mundo el consumo de un determinado producto. En esta situación se hizo necesario establecer sistemas de comercialización que permitieran que los equipos fabricados en un lugar fueran transportados a los destinos de consumo y reparación, multiplicándose las necesidades de transporte. Estos sistemas de comercialización, compuestos por redes de distribuidores y servicios posventa, masificaron los mercados y afectaron significativamente a la producción artesanal.

Una nueva revolución comercial tuvo efecto alrededor de los años setenta, cuando Japón se introdujo en los mercados internacionales y EEUU se abrió más a ellos. Se desarrollaron nuevos sistemas de producción y distribución: fabricación de piezas independientemente de las líneas de ensamblaje ("subcontratación" u *outsourcing),* que debían recibirse en el preciso momento del montaje, sin almacenamientos intermedios ("justo a tiempo" o *just in time),* para lo cual el transporte y la distribución no podían fallar. Se desarrolló entonces el concepto de "calidad total de gestión" o *total quality management.*

Así y de forma progresiva, el mundo se ha ido haciendo más global, apoyándose en los avances de la ciencia y de la tecnología, con aportes de la informática, la robótica, las telecomunicaciones... En consecuencia, por globalización puede entenderse el hecho de producir, vender, comprar e invertir en cualquier lugar del mundo donde resulte económicamente más rentable, independientemente del país o región.

Existen diversos grados de apertura de un país al comercio internacional, desde el más cerrado, la autarquía absoluta (negarse a cualquier importación), a permitir la importación de productos que no puedan ser fabricados en el interior del país. Si se diera libertad total de comercio, parece lógico pensar que solamente se importarían productos que en el país importador se fabricasen a un coste excesivamente alto. Actualmente, se observa con frecuencia que existe comercio de productos que podrían ser fabricados por el país importador, pero resulta más ventajoso adquirirlos en el exterior.

Los gobiernos tratan de fomentar las exportaciones para corregir las desviaciones de las balanzas de pagos mediante diversas iniciativas (véase la tabla 2.1).

Tabla 2.1. Acciones para fomentar las exportaciones.

Acciones comerciales
Oferta de facilidades administrativas, servicios de información, asesoramiento, promoción, etc.

Acciones financieras
Facilitar la adquisición de préstamos y créditos, seguros, etc.

Acciones fiscales
Aportar desgravaciones, devolución de impuestos, etc.
Sin embargo, para el caso de las importaciones suelen establecerse diversos tipos de barreras (véase la tabla 2.2).

Contingentes
Mediante los contingentes, la Administración pública establece un límite a la cantidad de producto que se puede importar, concediendo licencias de importación de forma limitada.

Aranceles

A través de los aranceles se establece una tasa aduanera que repercute en el precio de venta del producto, contribuyendo a disminuir su demanda.

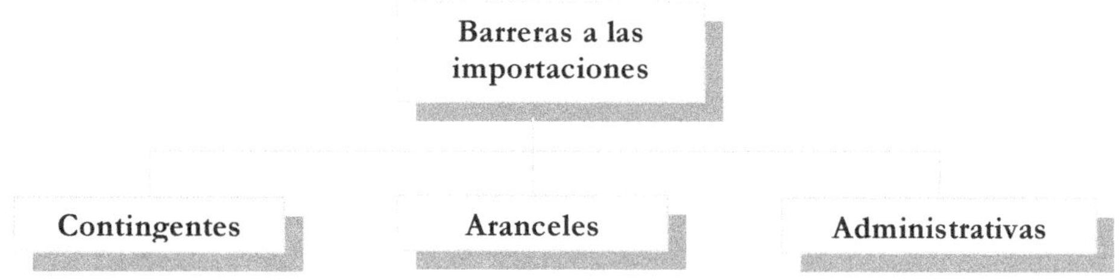

Tabla 2.2. Acciones para dificultar las importaciones.

Barreras administrativas

Puede tratarse de barreras de diversa índole: trámites aduaneros, sofisticadas normas sanitarias, etc.

Resulta indudable que existe una clara relación entre el crecimiento económico y un comercio más libre. Desde la Segunda Guerra Mundial, los aranceles aplicables a los productos industriales en los países desarrollados han bajado, con datos de enero de 1999, hasta una media inferior al 4 %.

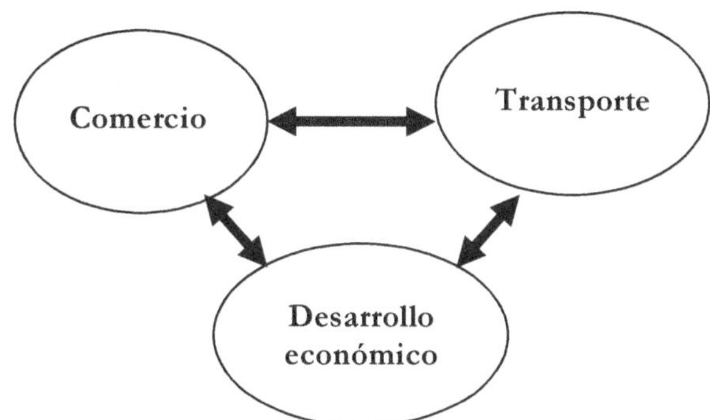

Figura 2.1. Esquema de relaciones entre desarrollo económico, comercio y transporte.

Durante los primeros decenios posteriores a la guerra, el crecimiento económico mundial tuvo una media del 5 % anual, aproximadamente, en tanto el comercio mundial creció a un ritmo más rápido, con una media en torno al 8 %.

Desde que en 1947 fue creado el GATT (General Agreement on Tarife and Trade, o Acuerdo General sobre Aranceles de Aduana y Comercio), con el fin de reducir paulatinamente el proteccionismo comercial (sustituido en 1995 por la Organización Mundial del Comercio), los resultados han sido muy significativos, aumentando el comercio más deprisa que la producción mundial. El comercio internacional se multiplicó por catorce mientras la producción lo hizo por seis, y la proporción del primero respecto a la segunda pasó de un 7 % en 1950 a un 15 % en 1974 y a un 25 % en la actualidad.

En las próximas décadas es previsible que se mantengan dos tendencias, la globalización y la regionalización económica, como por ejemplo la ampliación de la UE, que actuarán a favor del comercio internacional. Aumentará así progresivamente el espacio y la población de la UE, a la vez que su diversidad y heterogeneidad, lo que va a implicar un gran aumento de los flujos comerciales entre los actuales miembros y los nuevos.

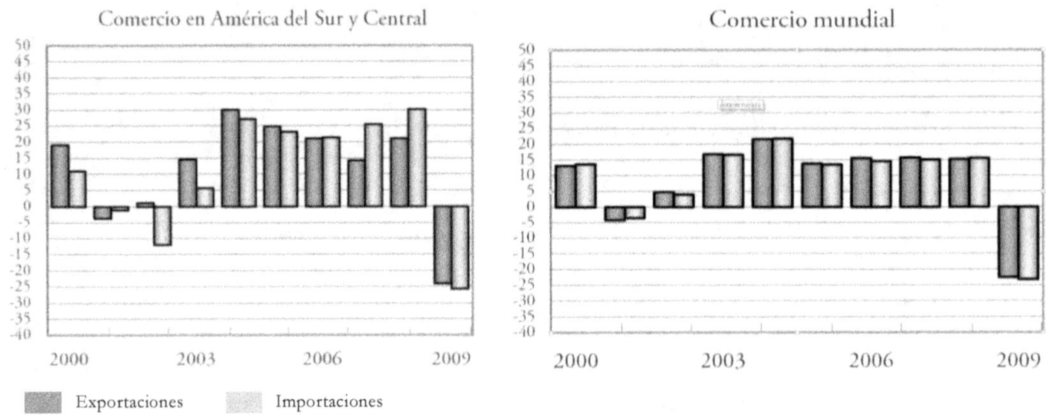

Fuente: Organización Mundial del Comercio.

Tabla 2.3. Porcentajes de variación interanual del comercio internacional y en América del Sur y Central en el período 2000-2009.

2. Tendencias comerciales

La globalización y la apertura de la economía mundial influyen claramente en la multiplicación de los intercambios comerciales y, por tanto, también de los flujos de transporte.

El nuevo marco económico se fundamenta, entre otros factores, en la orientación de las políticas comerciales hacia el cliente, en la descentralización de los servicios auxiliares a las empresas, la deslocalización industrial y la mayor vinculación entre la logística y el comercio.

Los factores fundamentales del crecimiento de los flujos comerciales y de los del transporte son debidos a:

— Crecimiento de la economía.

— Cambios en la estructura comercial, con la aparición de nuevos y más elaborados productos.

- Nuevas estrategias de producción y distribución.

- Incremento del valor de los productos, lo que ha ocasionado una reducción de existencias, así como el aumento de una demanda más flexible.

La tendencia del marco económico es seguir creciendo, impulsada por la liberalización del comercio y de los mercados de capital, la creciente internacionalización de la producción y la distribución y el avance tecnológico, debido al cual se están eliminando muchas barreras comerciales.

En este marco destaca el incremento del comercio electrónico *(e-commerce)*. Hoy constituye un significativo instrumento para la gestión de los grandes flujos comerciales y para los cambios que se producen en el mundo de los negocios, en particular a través de la red internet. Según los agentes implicados, se suele clasificar en cuatro modalidades:

Business to consumer (B2C)

Relación comercial consistente en el comercio establecido entre las empresas productoras y los consumidores, habiéndose expandido con la *word wide web*, a través de la que se ofrecen toda clase de productos y servicios.

Business to business (B2B)

Se refiere al comercio establecido entre empresas, eliminando en gran medida a los agentes intermediarios. Se fundamenta, principalmente, en el uso de sistemas de intercambio electrónico de datos (EDI, *Electronic Data Interchange)*, transmitiendo los mensajes mediante redes privadas o de valor añadido.

Business to Administration (B2A)

Abarca el comercio entre empresas y la Administración pública.

Consumer to Administration (C2A)

Se refiere a la relación entre los ciudadanos y la Administración pública.

3. Las reglas Incoterms

La globalización de los mercados internacionales ha impulsado las operaciones comerciales y el aumento de la complejidad de las mismas, creciendo proporcionalmente los malentendidos y los litigios costosos cuando no se especifican de forma clara las obligaciones y los deberes de las partes que intervienen en una operación de compraventa.

Las leyes de cada país o unión de países proporcionan cobertura jurídica dentro del territorio en el que han sido aprobadas, y no se pueden aplicar fuera de su jurisdicción. Esta situación dificulta enormemente decidir cuál es la reglamentación aplicable en un contrato de compraventa entre dos países con distinta legislación.

A comienzos del siglo XX, en la Cámara de Comercio Internacional (CCI), con la participación de los exportadores mundiales y de todos los sectores comerciales relacionados con el comercio internacional, se aprobó una primera normativa que posteriormente ha sido objeto de distintas revisiones y que se denomina "reglas Incoterms" *(International Comercial Terms,* o términos de comercio internacional) para la interpretación de los términos comerciales.

Desde su creación en 1936 han sufrido diversas actualizaciones, con el fin de mejorar y dar mayor apoyo a los comerciantes. Las Incoterms son "reglas internacionales uniformes" para la interpretación de términos comerciales, previstas para resolver problemas derivados de las interpretaciones que pueden surgir según los países involucrados y las incertidumbres que resultan de las múltiples legislaciones, usos y costumbres.

La última versión publicada son las reglas Incoterms 2010, en las que ya se contemplan las transacciones comerciales a través del comercio electrónico.

Las reglas Incoterms afectan a la terminología empleada en el contrato de compraventa, se presentan con una abreviatura de tres letras y establecen el conjunto de obligaciones de cada parte de la compraventa internacional, con el fin de delimitar con exactitud los términos del citado contrato referidos a:

- Reparto de gastos entre exportador e importador.

- Lugar de entrega de la mercancía.

- Trámites documentales.

- Transferencia de riesgos entre exportador e importador en el transporte de la mercancía.

La regla Incoterms que se elija influye lógicamente en los costos del contrato ya que, aunque todos los gastos sean a cargo del importador, éste debe saber en todo momento cuáles serán abonados directamente por él y cuáles están incluidos en el precio de la mercancía.

La Cámara de Comercio Internacional (CCI), dispone del Tribunal Internacional de Arbitraje, cuya función es proveer, mediante arbitraje, la solución de las controversias de carácter internacional surgidas en el ámbito del comercio. El simple hecho de incluir reglas Incoterms en el contrato de compraventa no significa un acuerdo para la utilización del arbitraje de la Cámara de Comercio Internacional. Por ello, es necesario una cláusula específica incluida de mutuo acuerdo por las dos partes, dado que los más diversos sistemas jurídicos exigen que la cláusula de arbitraje sea aceptada por ambas partes.

Las reglas Incoterms pueden agruparse en dos categorías:

- *Polivalente o multimodal:* identificadas por las siglas EXW, FCA, CPT, CIP, DAT, DAP y DDP.

- *Para transporte marítimo:* identificadas por las siglas FAS, FOB, CFR y CIF.

EXW *Exworks* Polivalente	El vendedor está obligado a la entrega de la mercancía en su propio establecimiento
Obligaciones del vendedor	1. Mercancía, factura y documentos necesarios 2. Empaquetado y embalaje
Obligaciones del comprador	1. Acarreo desde el domicilio del vendedor al lugar de exportación 2. Aduana 3. Gastos de exportación 4. Flete 5. Seguro 6. Gastos de importación 7. Aduana 8. Acarreo y seguro 9. Demoras 10. Pagos de la mercancía
FCA *Free Carrier* Polivalente	El vendedor ha cumplido su obligación de entrega cuando ha puesto la mercancía, despachada de aduana para la exportación, a disposición del transportista, nombrado por el importador en el lugar o punto acordado
Obligaciones del vendedor	1. Mercancía, factura y documentos necesarios 2. Empaquetado y embalaje 3. Acarreo 4. Aduana exportación 5. Gastos de exportación
Obligaciones del comprador	1. Flete 2. Seguro 3. Gastos de importación 4. Aduana 5. Acarreo 6. Demoras 7. Pagos de la mercancía
FAS *Free Along Ship* Marítimo	El vendedor ha cumplido su obligación cuando la mercancía ha sido colocada al costado del buque
Obligaciones del vendedor	1. Mercancía, factura y documentos 2. Empaquetado y embalaje 3. Acarreo 4. Aduana de exportación 5. Gastos de exportación
Obligaciones del comprador	1. Parcial 2. Flete 3. Seguro 4. Gastos de importación 5. Aduana de importación 6. Acarreo y seguro 7. Demoras 8. Pagos de la mercancía
FOB *Free On Board* Marítimo	El vendedor ha cumplido su obligación cuando ha sido sobrepasada la borda del buque
Obligaciones del vendedor	1. Mercancía, factura y documentos 2. Empaquetado y embalaje

	3. Acarreo
	4. Aduana de exportación
	5. Gastos de exportación
Obligaciones del comprador	1. Flete
	2. Seguro
	3. Gastos de importación
	4. Aduana de importación
	5. Acarreo y seguro
	6. Demoras
	7. Pagos de la mercancía

CFR *Cost And Freight* Marítimo	El vendedor paga los gastos de flete para hacer llegar la mercancía a destino
Obligaciones del vendedor	1. Mercancía, factura y documentos
	2. Empaquetado y embalaje
	3. Acarreo
	4. Aduana de exportación
	5. Gastos de exportación
	6. Flete
Obligaciones del comprador	1. Seguro
	2. Gastos de importación
	3. Aduana
	4. Acarreo y seguro
	5. Demoras
	6. Pagos de la mercancía

CIF *Cost Insurance And Freight* Marítimo	El vendedor tiene las mismas obligaciones que bajo el CFR, pero además debe asegurar la mercancía durante el transporte pagando la prima de seguro
Obligaciones del vendedor	1. Mercancía, factura y documentos
	2. Empaquetado y embalaje
	3. Acarreo
	4. Aduana de exportación
	5. Gastos de exportación
	6. Flete
	7. Seguro
Obligaciones del importador	1. Gastos de importación
	2. Aduana de importación
	3. Acarreo y seguro (lugar importación a planta)
	4. Demoras
	5. Pagos de la mercancía

CPT *Carriage Paid To* Polivalente	El vendedor paga el flete hasta el destino que se mencione. Punto crítico de entrega indicado
Obligaciones del vendedor	1. Mercancía, factura y documentos
	2. Empaquetado y embalaje
	3. Acarreo
	4. Aduana de exportación
	5. Gastos de exportación
	6. Flete
	7. Seguro
	8. Gastos de importación
	9. Aduana de importación

	10. Acarreo y seguro
Obligaciones del importador	1. Aduana de importación (parcial)
	2. Acarreo y seguro (parcial)
	3. Demoras
	4. Pagos de la mercancía

CIP
Carriage And Insurance Paid To
Polivalente

Es igual que el CPT con la salvedad de que el vendedor corre con la prima del seguro por pérdida o daño de la mercancía durante el transporte

Obligaciones del vendedor	1. Mercancía, factura y documentos
	2. Empaquetado y embalaje
	3. Acarreo
	4. Aduana de exportación
	5. Gastos de exportación
	6. Flete
	7. Seguro
	8. Gastos de importación
	9. Aduana de importación
	10. Acarreo y seguro
Obligaciones del comprador	1. Aduana de importación (parcial)
	2. Demoras
	3. Pagos de la mercancía

DAT
Delivered at terminal
Polivalente

El vendedor ha cumplido su compromiso cuando pone la mercancía a disposición del comprador en la terminal de destino y despachada de importación

Obligaciones del vendedor	1. Mercancía, factura y documentos
	2. Empaquetado y embalaje
	3. Acarreo
	4. Aduana de exportación
	5. Gastos de exportación
	6. Flete
	7. Seguro
	8. Gastos manipulación en la terminal de destino
	9. Acarreo y seguro
Obligaciones del comprador	1. Aduana de importación
	2. Acarreo y seguro
	3. Demoras
	4. Pagos de la mercancía

DAP
Delivered at place
Polivalente

El vendedor debe cumplir su obligación de entregar la mercancía en el lugar convenido del país de importación y asumir todos los gastos y riesgos, excepto los de llevar a cabo las formalidades aduaneras

Obligaciones del vendedor	1. Mercancía, factura y documentos
	2. Empaquetado y embalaje
	3. Acarreo
	4. Aduana de exportación
	5. Gastos de exportación
	6. Flete
	7. Seguro
	8. Gastos de importación
	9. Acarreo y seguro
	10. Demoras
Obligaciones del comprador	1. Aduana de importación
	2. Pagos de la mercancía

COSTES-RIESGOS SEGÚN LA REGLA INCOTERMS ACORDADA

● Costes-riesgos vendedor
○ Costes-riesgos comprador
◐ Costes-riesgos comprador/vendedor

	EXW	FCA	FAS	FOB	CPT	CIP	CFR	CIF	DAT	DAP	DDP
Comprobación, embalaje y marcado (control de calidad, medida, peso, inspección previa al embarque, etc.)	●	●	●	●	●	●	●	●	●	●	●
Carga camión. Llenado de contenedor en fábrica o almacén del vendedor	○	●	●	●	●	●	●	●	●	●	●
Transporte interior, de fábrica a puerto, aeropuerto, terminal de contenedores, almacén de grupaje, ferrocarril, etc.	○	●	●	●	●	●	●	●	●	●	●
Formalidades aduaneras de exportación	○	●	●	●	●	●	●	●	●	●	●
Costes descarga del transporte, grupaje en contenedor, manipulación en puerto, aeropuerto, terminal TIR o almacén transportista	○	○	○	◐	●	●	●	●	●	●	●
Transporte internacional o principal	○	○	○	○	●	●	●	●	●	●	●
Seguro mercancía durante el transporte a destino o punto final de destino o frontera	○	○	○	○	○	●	○	●	●	●	●
Costes manipulación en destino (puerto; aeropuerto; terminal TIR, de grupaje o de contenedores; almacén transportista o frontera)	○	○	○	○	○	○	○	○	●	●	●
Formalidades aduaneras importación	○	○	○	○	○	○	○	○	○	○	●
Transporte interior, de puerto, aeropuerto, terminal TIR o de contenedores a fábrica o almacén de destino	○	○	○	○	○	○	○	○	○	●	●
Recepción o descarga en almacén transportista, terminal de contenedores, o fábrica o almacén del comprador	○	○	○	○	○	○	○	○	○	●	●
Modalidad transporte: **M:** marítimo; **P:** polivalente o multimodal	P	P	M	M	P	P	M	M	P	P	P

Figura 2.2. Cargos y riesgos que asume cada parte en función de la regla Incoterms elegida.

DDP	El vendedor debe poner la mercancía en la puerta del importador corriendo con todos los gastos y riesgos
Delivered Duty Paid	
Polivalente	
Obligaciones del vendedor	1. Mercancía, factura y documentos
	2. Empaquetado y embalaje
	3. Acarreo
	4. Aduana de exportación
	5. Gastos de exportación
	6. Flete
	7. Seguro
	8. Gastos de importación
	9. Aduana de importación
	10. Acarreo y seguro
	11. Demoras
Obligaciones del comprador	1. Pago de la mercancía

En la figura 2.2 se indican los cargos y riesgos que asume cada parte, según la regla Incoterms que se haya acordado en una operación de compraventa internacional.

4. Crédito documentario - Carta de crédito

Los "créditos documentarios" (CD) están regulados por la Cámara de Comercio Internacional (CCI) a través de los Usos y Reglas Uniformes relativas a los Créditos Documentarios (URU).

Es la forma más segura de cobro para el exportador y la más costosa para el importador. Se trata de un acuerdo en virtud del cual un banco, actuando a petición de un importador, se compromete a efectuar un pago al exportador contra la presentación de una serie de documentos, siempre que se hayan cumplido los términos y condiciones del crédito.

El importador necesita saber que la mercancía le será entregada conforme al pago realizado y el exportador quiere asegurar el cobro de la mercancía enviada.

La utilización del crédito documentario, también denominado "carta de crédito" *(Letter of Credit* o L/C) viene determinada fundamentalmente por la complejidad de las compraventas internacionales, dando cobertura a varios factores:

— El tiempo que la mercancía está viajando.

— Los posibles percances en el viaje.

— Las formalidades de despacho de la mercancía.

— Las regulaciones de comercio exterior y los controles de cambio.

— La diferencia de legislación entre países.

— El desconocimiento mutuo entre el importador y el exportador.

— Los distintos idiomas, divisas y costumbres.

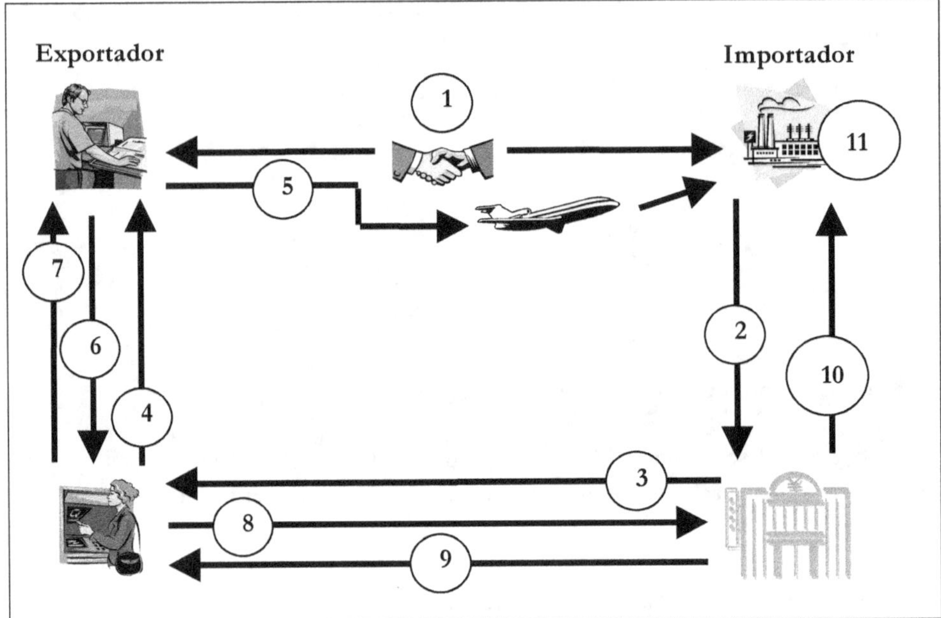

1. Contrato de compraventa entre el exportador y el importador con indicación del inco-
    term pactado.
2. El importador solicita a su banco (banco emisor) la apertura de un crédito documen-
    tario a favor del exportador.
3. El banco emisor (tras estudiar el riesgo) emite el crédito (carta de crédito) y solicita a un
    banco intermediario (generalmente el del exportador) que avise y confirme el crédito.
4. El banco avisador/confirmador revisa los documentos y remite la carta de crédito al
    exportador.
5. Si el exportador está de acuerdo con las condiciones del crédito, envía la mercancía al
    país de destino en función de la regla Incoterms pactada.
6. El exportador presenta al banco la documentación exigida en la carta de crédito.
7. El banco avisador/confirmador revisa los documentos y los acepta, paga o negocia
    (bajo las condiciones del crédito).
8. El banco avisador/confirmador remite los documentos al banco emisor.
9. El banco emisor revisa la documentación y reembolsa el importe al banco intermediario.
10. El banco emisor adeuda al importador y le entrega la documentación.
11. El importador, provisto de los documentos necesarios, procede a retirar la mercancía.

Figura 2.3. Proceso del crédito documentario.

El proceso del crédito documentario se representa en el esquema de la figura 2.3,
explicado en la leyenda correspondiente.

5. Códigos ISO

La existencia de estos códigos se debe a la ISO, denominación con la que se conoce a la International Organization for Standardization. ISO no se corresponde exactamente con las iniciales de la entidad, sino que es una palabra derivada del vocablo griego *iso,* que significa "igual".

De este modo se evita la diversidad de abreviaturas a que se daría lugar en el caso de utilizar las iniciales de las traducciones del nombre de la organización. En español suele denominarse a esta entidad como Organización Internacional de Normalización o Estandarización.

La ISO fue creada en 1946, con la participación de 100 países, y tiene su sede en Ginebra.

Muchos países tienen organizaciones de normalización análogas como, en el caso de España, Aenor (Asociación Española de Normalización y Certificación).

Con el objetivo de tipificar de forma universal los orígenes y los destinos de los medios de transporte internacional, se ha creado la norma ISO 3166, que consiste en relacionar los territorios geográficos definidos con unos determinados códigos de letras o números.

La tabla 2.5 recoge algunos ejemplos de códigos ISO 3166 de dos dígitos alfabéticos, si bien el lector hallará una relación completa en el Anexo 2 de esta obra.

CÓDIGOS ISO DE PAÍSES

Código	Nombre	Código	Nombre
AD	Andorra	KP	Corea del Norte
AE	Emiratos Árabes	KR	Corea del Sur
AF	Afganistán	KW	Kuwait
AO	Angola	LU	Luxemburgo
AR	Argentina	LY	Libia
AT	Austria	MA	Marruecos
CN	China	PE	Perú
CO	Colombia	PH	Filipinas
CR	Costa Rica	PK	Pakistán
CU	Cuba	PL	Polonia
DE	Alemania	PR	Puerto Rico
DK	Dinamarca	PS	Palestina
DO	Rep. Dominicana	PT	Portugal
DZ	Argelia	PY	Paraguay
EC	Ecuador	RU	Rusia
ES	España	SA	Arabia Saudita

Tabla 2.4. Ejemplos de códigos ISO 3166.

Igualmente, la norma ISO 4217 establece los códigos de las diferentes monedas, como, por ejemplo, EUR para el euro, ARS para el peso argentino, USD para el dólar estadounidense, BRL para el real brasileño, CHF para el franco suizo, etc. El lector también hallará la relación de los códigos ISO de monedas en el Anexo III de esta obra.

Por otro lado, la norma ISO 639-1 establece los códigos relativos a los idiomas, que constan de dos dígitos alfabéticos (en minúsculas).

Capítulo 3
Los aeropuertos

1. Evolución de los aeropuertos

A medida que las aeronaves fueron desarrollando sus capacidades, las instalaciones de los aeropuertos necesitaron adecuarse a los nuevos requerimientos para poder realizar sus operaciones. Los primeros aviones despegaban y aterrizaban en terrenos más o menos aptos pero, con el desarrollo de la aviación comercial, las instalaciones aeroportuarias no sólo tuvieron que adaptarse a las nuevas aeronaves, sino que se produjo un desarrollo muy importante de las instalaciones auxiliares, destinadas a cubrir las necesidades y los servicios que demandaban progresivamente los pasajeros y el tratamiento de la carga.

Como consecuencia del enorme desarrollo del tráfico aéreo durante la década de 1980, la OACI tenía registrados en 1990 a 37.739 aeropuertos en todo el mundo.

A lo largo de los años ochenta, la desregulación de las líneas aéreas en EEUU dio lugar a una rebaja radical de las tarifas y a los incentivos para usuarios habituales, lo cual se tradujo en un incremento muy significativo del número de viajeros.

Por otra parte, el desarrollo del transporte en aviones de fuselaje ancho *(Wide body)*, como el Boeing 747, y el fuerte incremento de los vuelos, en especial el *charter* de vacaciones, crearon problemas similares en la mayoría de los aeropuertos del mundo, obligando a realizar fuertes inversiones en nuevos aeropuertos o en ampliaciones y modernización de los existentes.

2. Grandes áreas de un aeropuerto

En un aeropuerto, dependiendo de su tamaño y de las necesidades operativas y de servicio, pueden distinguirse cinco grandes áreas principales:

Operación de las aeronaves
Esta área comprende las zonas de movimiento de las aeronaves, como las pistas, calles de rodadura y estacionamiento. En estas últimas zonas es donde se realizan las operaciones de embarque y desembarque de pasajeros, carga y descarga del avión, suministro de combustible, *catering,* etc.

Terminales de pasajeros

Instalaciones en las cuales tiene efecto la salida y llegada de los pasajeros, así como todas las operaciones relacionadas con los mismos, como facturación, controles de policía y aduana, salas de embarque, recogidas de equipajes, etc.

Terminales de aviación general

Instalaciones en las que se realizan las operaciones de salida y llegada de pasajeros de negocios, vacacionales, fotografía, fumigación, etc., en pequeños aviones privados o alquilados.

Mantenimiento de las aeronaves

Denominada en algunos casos "zona industrial" del aeropuerto, es donde se hallan las instalaciones para revisiones de los aviones, sus componentes y hangares.

Zona de carga

Instalaciones para la manipulación de las mercancías y el correo para su transporte en los aviones. Al igual que los pasajeros tienen acceso a las aeronaves a través de los edificios terminales, la mercancía debe acceder a través de los edificios denominados "terminales de carga", salvo casos especiales y con las debidas autorizaciones aeroportuarias y de seguridad.

Servicios aeroportuarios

En esta zona suelen ubicarse las instalaciones de todos los servicios aeroportuarios y empresas concesionarias; bomberos, limpieza, agentes *handling* de rampa, suministros a bordo, etc.

Figura 3.1. Vista aérea del aeropuerto de Barcelona.

3. Gestión aeroportuaria

No existe en el ámbito mundial un único modelo de propiedad y explotación de los aeropuertos. Dependiendo del país e incluso de un aeropuerto en concreto, la propiedad o explotación del mismo puede ser pública, privada o mixta.

Con frecuencia suele confundirse al propietario, gestor o explotador de un aeropuerto, con una determinada compañía aérea; por ejemplo, la compañía aérea con mayor número de operaciones en un aeropuerto, cuando en realidad son dos entidades totalmente distintas. Las compañías aéreas son usuarias de los servicios aeroportuarios e independientes del propio ente gestor del aeropuerto.

A la entidad gestora le corresponden las funciones de dirección, coordinación, ordenación, explotación, gestión y administración del aeropuerto. Así, debe asegurar que las instalaciones aeroportuarias se construyan y se mantengan conforme a las necesidades del transporte aéreo. Del mismo modo, debe adoptar las medidas necesarias para salvaguardar la seguridad de las personas y de los bienes, disponer de planes de emergencia y seguridad aeroportuaria, realizar los controles que aseguren la eficacia en la realización de los servicios y garantizar el cumplimiento de los reglamentos correspondientes y la adecuada atención a los usuarios.

4. ACI

La mayoría de los aeropuertos están asociados a la ACI (Airport Council Association o Consejo Internacional de Aeropuertos), creada en 1991, cuya sede se encuentra en Ginebra, con seis regiones geográficas: Asia, África, América Latina, Norteamérica, Pacífico y Europa.

La ACI tuvo su origen en el Consejo Coordinado de Asociaciones de Aeropuertos (AACC), fundado en 1970 por las tres asociaciones internacionales de aeropuertos que coexistían: el Consejo Internacional de Explotadores de Aeropuertos (AOCI), la Asociación Internacional de Aeropuertos Civiles (ICAA) y la Asociación de Aeropuertos de Europa Occidental (WEAA).

La ACI es la portavoz de los aeropuertos en su relación con otras organizaciones mundiales, incluyendo la Organización de Aviación Civil Internacional (OACI), la Asociación del Transporte Aéreo Internacional (IATA) y la Federación Internacional de Asociaciones de Pilotos de Líneas Aéreas (Ifalpa), siendo a su vez observador ante la OACI y consultor ante el Consejo Económico y Social (Ecosoc) de las Naciones Unidas.

Por otro lado, la ACI presenta las posiciones comunes de sus miembros, definidas en el marco de comités y aprobadas por su Consejo de Administración. Cuenta con más de 530 miembros, entre aeropuertos y autoridades aeroportuarias internacionales, y gestiona más de 1.400 aeropuertos en más de 164 países.

5. Codificación de los aeropuertos

En la práctica diaria del transporte aéreo sería muy dificultoso denominar a los aeropuertos por el nombre de cada uno de ellos; por esta razón se ha implantado una codificación específica.

Hay dos tipos de codificaciones, la de la IATA (Asociación Internacional de Transporte Aéreo) y la de la OACI (Organización de Aviación Civil Internacional). La primera, que es la más usual y conocida por el público en general, consta de tres dígitos alfabéticos y la segunda de cuatro dígitos.

En la gran mayoría de los casos, el código del aeropuerto coincide con el de la ciudad. No obstante, existen algunas codificaciones distintas, especialmente cuando hay más de un aeropuerto en la misma ciudad. Un ejemplo es el caso de París, donde el código de la ciudad (PAR) es diferente al asignado a los aeropuertos de Orly (ORY) y Charles de Gaulle (CDG). En la tabla 3.1 se indican algunos ejemplos de códigos IATA de ciudades y aeropuertos.

Ciudad	Código	Aeropuerto	Código
Amsterdam	AMS	Schipol	SPL
Buenos Aires	BUE	Jorge Newbery	AEP
		Ministro Pistarini	EZE
Madrid	MAD	Madrid/Barajas	MAD
París	PAR	Charles de Gaulle	CDG
		Le Bourget	LBG
		Orly	ORY
Londres	LON	Gatwick	LGW
		Haethrow	LHR
		Luton	LTN
		Stansted	STN
Nueva York	NYK	John Kennedy	JFK
		La Guardia	LGA
		Newark	EWR

Tabla 3.1. Ejemplos de códigos IATA de ciudades y aeropuertos.

6. Los terminales de carga

Al igual que la plataforma de aviones del aeropuerto es el ámbito de prestación de los servicios de manipulación en rampa, los terminales de carga son las instalaciones aeroportuarias donde operan los agentes de handling para prestar los servicios de asistencia a las compañías aéreas y sus clientes (véase el capítulo 5).

Dependiendo de diversas variables, como son los volúmenes de tráfico, la tipología de las mercancías, etc., el terminal de carga puede adoptar distintos diseños funcionales. Asimismo, en los aeropuertos que registran un importante volumen de carga, dependiendo de las regulaciones de cada país, puede que existan varios terminales para este fin.

Figura 3.2. Terminal de carga manual.

La configuración funcional de los terminales de carga ha sufrido importantes cambios a lo largo de la historia de la aviación. Desde pequeños almacenes hasta la utilización de otras instalaciones fuera de uso, etc., han evolucionado a complejas instalaciones en las que se ha implantado la automatización, las tecnologías de la información, la utilización de sistema de lectores de códigos de barras, etc., que permiten un servicio más ágil y eficaz al cliente.

Un claro ejemplo de la complejidad del proyecto y la operativa de un terminal de carga es el del aeropuerto de Hong Kong, diseñado por el arquitecto Norman Foster. El denominado Super Terminal 1 comprende dos secciones principales: un edificio terminal con seis pisos y una superficie cubierta de 274.000 m^2, más un centro expreso con dos pisos que suman un total de 46.000 m^2.

Figura 3.3. Terminal de carga del aeropuerto de Hong Kong.

El sistema de almacenaje está totalmente automatizado y dispone de una red de ordenadores de avanzada tecnología integrada en un sistema de la comunidad de carga denominado "Cosac". Esta red une el terminal de carga con todos los miembros de la comunidad de carga: líneas aéreas, promotores de la carga, aviación civil, autoridad aeroportuaria, expedidores, transitarios, importadores, etc.

Un terminal de carga consta, en general, de las siguientes áreas operativas:

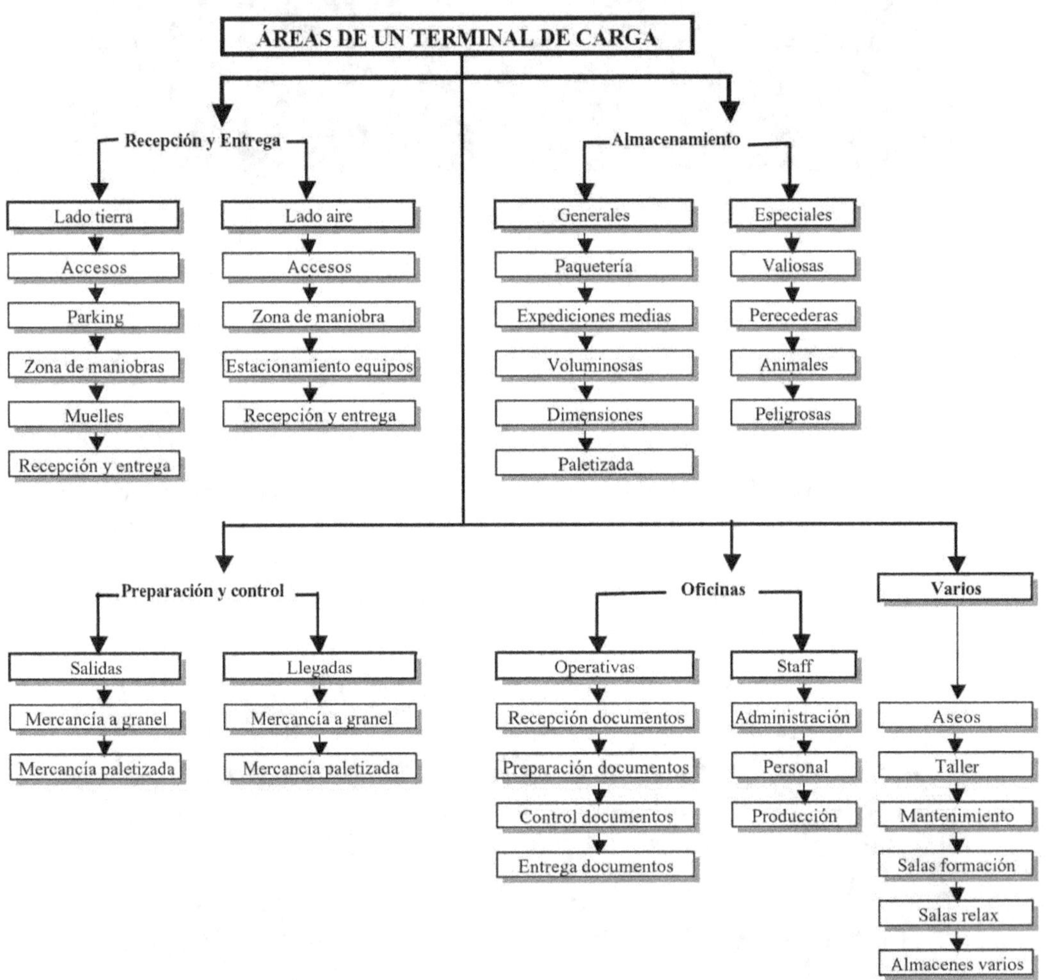

Figura 3.4. Áreas operativas de un terminal de carga.

Figura 3.5. Muelles de aceptación y entrega en el terminal de carga de la compañía Iberia en Madrid.

El área de recepción y entrega del lado tierra debe estar provista de muelles para la transferencia de la mercancía desde el almacén a los vehículos de transporte terrestre y viceversa. Estos muelles pueden ser fijos, basculantes o bien estar dotados de plataforma elevadora, para ajustarse a la altura de la caja de los vehículos y poder hacer la transferencia con rapidez y la máxima seguridad.

Figura 3.6. Almacén de palés y contenedores y conexión a lado tierra
en el terminal de carga de la compañía Iberia en Madrid.

En el lado aire la conexión del almacén con la plataforma del aeropuerto se hace al mismo nivel, excepto en las zonas de transferencia de palés y contenedores, que se realiza en este caso desde los almacenamientos específicos de los mismos a los vehículos de transporte al avión: portapalés o portacontenedores.

El área de almacenamiento se subdivide en varias zonas específicas para cada tipo de mercancía, según su naturaleza, dimensiones, etc.

Figura 3.7. Almacén de cestones para mercancía a granel.

El área de preparación y control físico de la mercancía comprende las zonas de preparación de la misma para su transporte hasta el avión y posterior estiba en el mismo, junto con la zona de control y clasificación de la mercancía de llegada para su almacenaje o entrega al cliente.

Estas áreas pueden estar dotadas de mesas de rodillos para la preparación y control de la mercancía en los palés o contenedores, que suelen tener incorporada una báscula, con transferencia directa al almacén de los ULD, o bien limitarse a una superficie libre en la cual se preparan o controlan los ULD que están situados sobre los mismos equipos de transporte desde/hasta el avión (portapalés o portacontenedor).

Figura 3.8. Mesas de preparación y descomposición de palés y contenedores, y sistema de conexión con el segundo almacén robotizado de palés del terminal de carga de la compañía Iberia, en Madrid.

7. Puestos de Inspección Fronterizos (PIF)

Con motivo de la eliminación de las fronteras interiores de la Unión Europea, ha sido preciso regular las fronteras, estableciendo los requisitos e instalaciones necesarias para la habilitación de los denominados "puestos de inspección fronterizos" o PIF.

Los PIF son los únicos puntos de entrada en la UE de determinadas mercancías procedentes de terceros países. Para ello disponen de dependencias para los inspectores, cámaras frigoríficas, laboratorios, salas de inspección y de almacenamiento, que les facultan, entre otros cometidos, para inspeccionar y conceder dictámenes de los productos de origen animal, tanto de consumo humano (PCH) como de no consumo humano (PNCH), los animales vivos (AVI) y los vegetales sometidos a inspección fitosanitaria, por parte de los servicios correspondientes.

Los aeropuertos habilitados como PIF para los animales, productos de origen animal de consumo humano (PCH) y productos de origen animal de no consumo humano (PNCH) son inspeccionados con cierta frecuencia por la Comisión Europea, con el fin de conocer si se está cumpliendo con la normativa en vigor en cuanto a requisitos de infraestructuras, soportes documentales, medios humanos, materiales y procedimientos.

Los productos de origen animal, tanto de consumo humano como de no consumo humano, que deben examinarse en los puestos de inspección fronterizos, en virtud de la Directiva 97/78/CE según la Decisión de la Comisión de 26 de abril de 2002, son los siguientes:

- Animales vivos.

- Esperma, óvulos y embriones.

- Carne fresca, incluida la carne y los preparados y sangre, destinada al consumo humano.

- Productos cárnicos y otros productos de origen animal destinados al consumo humano.

- Leche líquida.

- Productos lácteos.

- Productos de la pesca destinados al consumo humano.

- Huevos de consumo, ovoproductos, productos avícolas.

- Caracoles, ranas y ancas de rana destinados al consumo humano.

- Pieles de ungulados, lana, pelos, crines, plumas, plumones y trofeos de caza.

- Huesos, cuernos, pezuñas y sus productos.

- Sangre, productos de la sangre y líquido amniótico destinado a la industria farmacéutica. Agentes patógenos.

- Otros desechos animales.

- Proteínas animales transformadas destinadas o no a la alimentación animal. Alimentos para animales de compañía.

- Estiércol.

Igualmente, deben pasar el control fitosanitario todos los productos de origen vegetal como plantas, flores, frutas, maderas, etc.

En un mismo aeropuerto puede existir más de un centro de inspección. En éstos se indica el nombre del aeropuerto y el del centro correspondiente, que se corresponde con el de la compañía aérea o empresa de servicios de manipulación de carga.

Frecuentemente se confunde el puesto de inspección fronterizo con la totalidad de las inspecciones de los servicios de inspección en frontera. Los requisitos respecto a instalaciones, medios, etc., de los PIF están establecidos de forma exclusiva para las inspecciones de los animales vivos, productos de origen animal (consumo humano y no consumo humano) y vegetales, en las "importaciones procedentes de terceros países". El resto de inspecciones no están sometidas, hasta la fecha, a las mismas normas de los PIF.

Los aeropuertos españoles habilitados como PIF, con indicación de los productos de origen animal y animales autorizados, según la Decisión de la Comisión Europea (2003/506/CE) de 3 de julio de 2003, son los que se detallan en la tabla 3.2.

PUESTOS DE INSPECCIÓN FRONTERIZOS (PIF)				
para productos con origen en terceros países				
(PCH)	(PNCH)	Animales vivos (AVI)		
		Ungulados	Équidos	Otros
Alicante (2)	Alicante (2)			Alicante
Almería (2)	Almería (2)			Almería
Asturias (2)				
Barcelona-Iberia (2)	Barcelona-Iberia (2)			Barcelona-Iberia
Barcelona-Aviance (2)	Barcelona-Aviance (2)			Barcelona-Aviance
Bilbao (2)	Bilbao (2)			Bilbao
Las Palmas (2)	Las Palmas (2)			Las Palmas
Madrid-Iberia (2)	Madrid-Iberia (2)	Madrid-Iberia	Madrid-Iberia	Madrid-Iberia
Madrid-Iberia/PER4 (2) Sólo refrig.				
Madrid-Aviance (2)	Madrid-Aviance (2) No congelados	Madrid-Aviance	Madrid-Aviance	Madrid-Aviance
Madrid-SFS (2)	Madrid-SFS (2) No congelados			Madrid-SFS
Málaga-Iberia (2)	Málaga-Iberia (2)			Málaga-Iberia
Málaga-DHL (2)	Málaga-DHL (2)			
Palma de Mallorca (2)	Palma de Mallorca (2)			Palma de Mallorca
Santander (2)	Santander (2)			
Santiago de Compostela (2)	Santiago de Compostela (2)			
San Sebastián (2)	San Sebastián (2)			
Sevilla (2)	Sevilla (2)			Sevilla
Tenerife Norte (2)				
Tenerife Sur (2)	Tenerife Sur (2)	Tenerife Sur	Tenerife Sur	Tenerife Sur
Valencia (2)	Valencia (2)			Valencia
Vigo (2)	Vigo (2)			
Vitoria (2)	Vitoria (2). No congelados	Vitoria	Vitoria	Vitoria
Zaragoza (2)				

(2) Únicamente productos embalados.

Tabla 3.2. Aeropuertos habilitados como Puestos de Inspección Fronterizos (PIF).

8. Los centros de carga aérea

En los últimos veinte años, el desarrollo del tráfico aéreo de carga ha sido tan significativo que también ha tenido su repercusión en la planificación de las infraestructuras aeroportuarias.

El concepto de "gestión de la cadena de suministro" introdujo, a través de los grandes operadores de transporte, una nueva concepción de la logística en los aeropuertos. Paralelamente, la creciente demanda de empresas interesadas en posicionarse en el recinto aeroportuario provocó un cambio en la visión del negocio, transformando a los aeropuertos en centros intermodales y parques logísticos.

El desarrollo de la carga aérea, con la integración de funciones en un mismo espacio, ha permitido una evolución de los terminales y zonas de carga hacia los "centros de carga", mejorando la logística de la cadena de transporte y convirtiendo a éstos en una plataforma logística en la que se concentran e interrelacionan diversas actividades y tipología de empresas, con el fin de obtener una reducción de costes y mejorar los tiempos de los procesos operativos.

El origen de la actividad de la carga aérea en un aeropuerto se produce con la creación de un terminal de carga. En este caso, una única instalación reúne todas las infraestructuras necesarias y actividades relacionadas con la gestión de los flujos de mercancías: aduanas, transitarios, agentes de aduanas, agentes de handling, etc.

La liberalización de los handling de carga, el incremento del volumen de tráfico, el establecimiento de políticas de competencia, la implantación de compañías en régimen de autohandling, etc., son algunas de las causas que inducen el desarrollo del terminal de carga a un segundo nivel, con su configuración en una zona de carga en la que se disponga de instalaciones denominadas de primera línea, dado que se trata de infraestructuras que realizan la función de transferencia entre el lado tierra del aeropuerto y la zona aire.

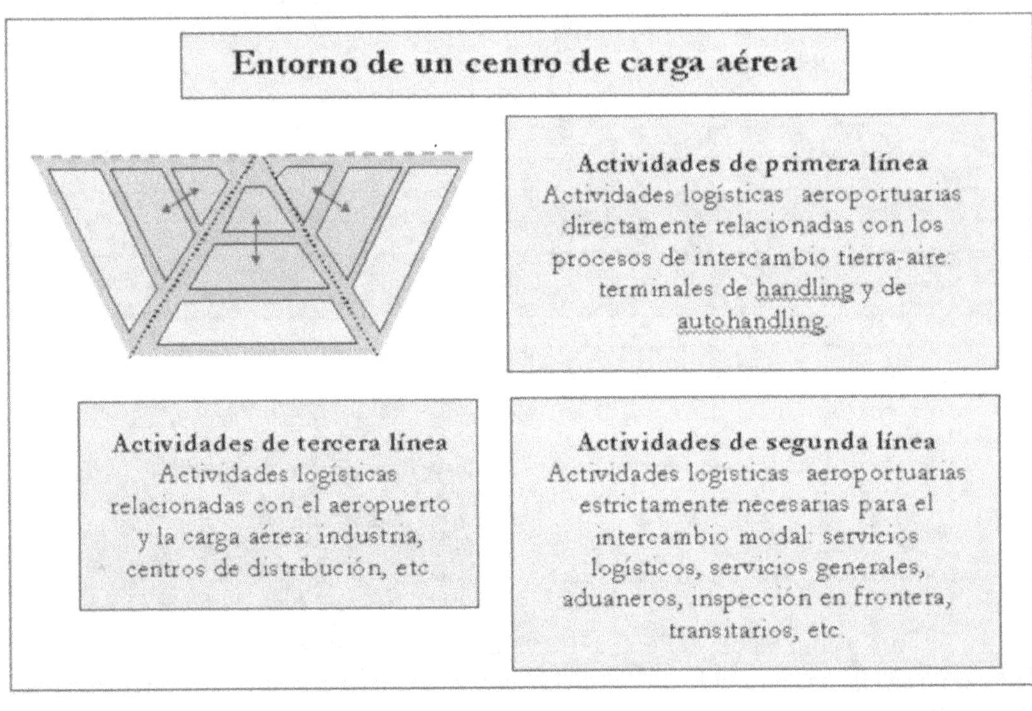

Fuente: SPIM.

Figura 3.9. Áreas de actividad de un "centro de carga aérea".

El siguiente paso en el desarrollo aeroportuario conduce a la creación de los denominados "centros de carga aérea". Se trata de plataformas logísticas aeroportuarias, según la definición de Europlatforms (asociación europea de centros de transporte y plataformas logísticas), en donde en una zona delimitada diferentes operadores ejercen todas las actividades relacionadas con el transporte, la distribución de mercancías y otras actividades logísticas (almacenamiento, manipulación, preparación de pedidos, etc.), tanto para el tránsito nacional como para el internacional. En su interior se concentran diversas empresas y servicios cuyas actividades tienen lugar en las áreas de 1ª, 2ª y 3ª línea.

En la primera línea se ubican las instalaciones de los operadores de handling de carga y autohandling, con acceso a "lado tierra" para las transferencias de mercancías entre el operador de handling y los importadores, exportadores u operadores de transporte terrestre; y "lado aire" para las transferencias de mercancías entre el operador de handling de carga y el de handling de rampa.

En la segunda línea tienen lugar las actividades necesarias para el intercambio modal, como son los servicios de aduanas, inspección en frontera, transitarios, almacenes aduaneros, servicios logísticos, etc.

En tercera línea se sitúan actividades relacionadas con el aeropuerto y la carga aérea, industria, centros de distribución, centros de almacenaje, etc.

Figura 3.10. Centro de Carga Aérea del aeropuerto de Madrid.

La integración de las distintas actividades y empresas interrelacionadas en un área específica reporta indudables beneficios a los operadores y agentes económicos, tanto en costes como en facilidades operativas, tiempos operativos e incluso en su promoción comercial.

El siguiente escalón de desarrollo de la carga aérea tiene por objeto la integración o conectividad de los centros de carga aérea con plataformas logísticas multimodales, en las que se establecen los puertos secos, centros de transporte, parques de distribución, parques tecnológicos, áreas de servicios y áreas logísticas especializadas.

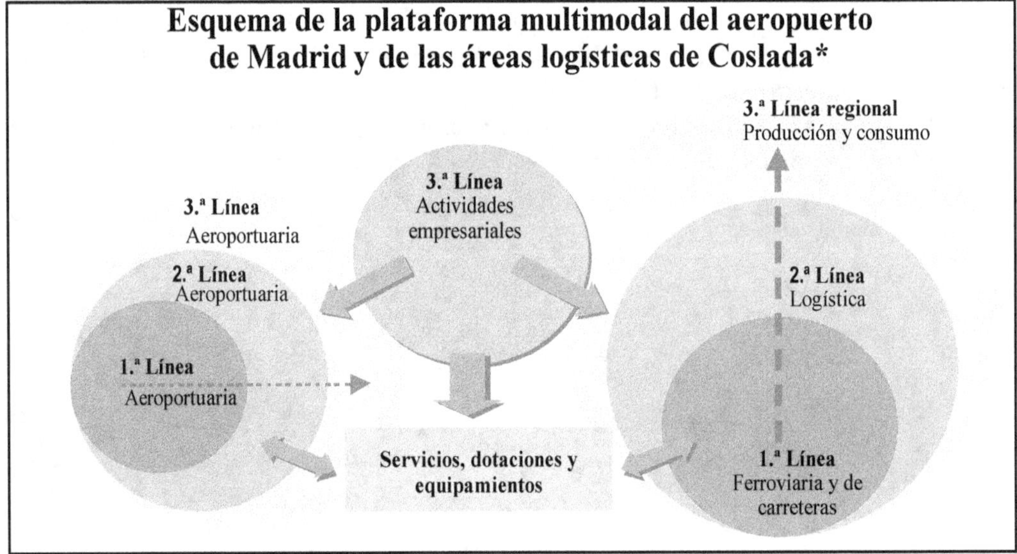

*: Centro de Transportes de Coslada (CTC) y Puerto Seco Madrid. Fuente: SPIM.

Figura 3.11. Plataforma logística del aeropuerto de Madrid-Coslada.

Capítulo 4
Aeronaves y unidades de carga

1. Las aeronaves

1.1. Descripción de sus partes

Una aeronave de diseño actual y convencional presenta fundamentalmente cuatro componentes:

Fuselaje
Inicialmente el fuselaje consistía en una estructura abierta que soportaba los otros componentes del avión. Actualmente el modelo más usado es el fuselaje monocasco, que consiste en integrar en un solo cuerpo la estructura y su recubrimiento, lo que permite presurizar el interior para volar a elevadas altitudes.

Alas
Los primeros aeroplanos se construían preferentemente con dos alas (biplano) y en ocasiones con tres o cuatro. Cuando se desarrolló el ala denominada *cantilever*, el monoplano se afianzó definitivamente a pesar de que su diseño no comenzó hasta la década de 1930. El ala *cantilever* consigue su fijación mediante elementos estructurales internos. Es un ala limpia desde su encastre en el fuselaje hasta su extremo.

Empenaje de cola
El empenaje de cola consta normalmente de dos superficies básicas: la horizontal y la vertical. Cada una de ellas tiene unas secciones fijas para proporcionar estabilidad y otras móviles para controlar mejor el vuelo del aparato.

Tren de aterrizaje
Por lo que respecta al tren de aterrizaje, aunque existen varios tipos, el más frecuente es el denominado "triciclo". Consta de dos patas principales situadas detrás del centro de gravedad del avión y una tercera, más pequeña, en el morro, provistas de ruedas, soportes, amortiguadores y equipos que soportan a una aeronave en tierra y que se emplean para despegar, aterrizar o maniobrar sobre una superficie.

1.2. Sistemas de propulsión

Por el sistema de propulsión utilizado, los aviones se clasifican en tres grupos:

Aviones de hélice

Los aviones de hélice disponen de motores de pistón y pueden, a su vez, ser de dos tipos: de cilindros y rotativo.

Figura 4.1. Avión de hélice DC-4.

Aviones turbohélices

El turbohélice es un motor de reacción en el que la energía cinética de los gases de escape se usa para mover la hélice.

Figura 4.2. Avión turbohélice F50.

Aviones a reacción

El avión a reacción, denominado también turborreactor, es aquel en el que el aire que entra en el motor pasa a través de un compresor, donde aumenta su presión.

Figura 4.3. Avión a reacción Boeing 747.

En la cámara de combustión se le añade el combustible, el cual se quema y hace aumentar la temperatura y el volumen de los gases. Los gases de la combustión pasan por la turbina, que a su vez mueve el compresor de entrada, y salen al exterior a través de la tobera de escape, diseñada para aumentar la velocidad, produciendo así el empuje deseado. Estos motores se basan en el principio de acción y reacción.

1.3. Los aviones supersónicos

Se entiende por aviones supersónicos los que son capaces de superar la velocidad del sonido. El primer problema que encontraron los ingenieros aeronáuticos se conoce popularmente como la "barrera del sonido", que se alcanza cuando la aeronave llega a la velocidad del sonido en el aire, aproximadamente unos 1.220 km/h al nivel del mar, denominada como Mach 1.

El ruido producido por los aviones supersónicos es elevado y alcanza su máximo nivel cuando se produce el efecto conocido por "estampido sónico".

Figura 4.4. Espectacular imagen de un avión F-18 rompiendo la barrera del sonido.
Foto de US Navy.

1.4. ¿Por qué vuela un avión?

El avión puede volar gracias a que el aire le sirve de "apoyo". Las alas son el medio donde la fuerza de sustentación se hace evidente.

El borde delantero de las alas, llamado borde de ataque (el borde trasero se llama borde de fuga), divide la masa de aire y, debido a la curvatura del ala, el aire que pasa sobre ella lo hace más velozmente que el que pasa por debajo, provocando una diferencia de presión: menor presión sobre la parte superior del ala que en la parte inferior, lo que se traduce en una succión hacia arriba, llamada fuerza de sustentación. A medida que la velocidad aumenta, la diferencia de presión se acentúa hasta que ésta es suficiente para soportar el peso del avión, venciendo así la fuerza de la gravedad.

Existen cuatro fuerzas diferenciadas que actúan sobre el avión en vuelo (véase la figura 4.5):

- La *propulsión,* proporcionada por los motores y que impulsa al avión hacia delante.

- La *resistencia,* que es la fuerza que el aire opone al avance.

- La *gravedad,* representada por el peso del aparato y que intenta impedir que el aparato se eleve.

- La *sustentación,* generada por la diferencia de presión entre la parte superior y la inferior del ala.

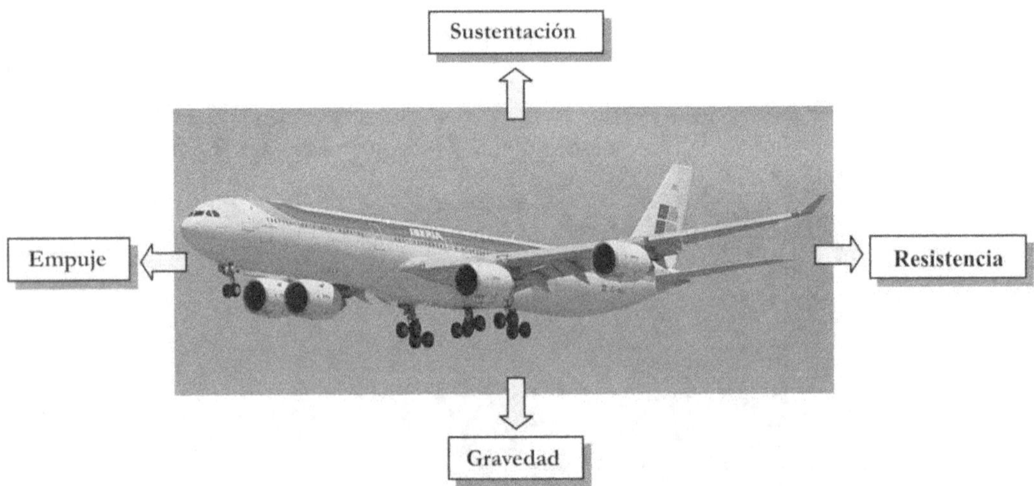

Figura 4.5. Esquema de fuerzas que actúan en el vuelo de un avión.

1.5. Clasificación de las aeronaves

1.5.1. Clasificación en función de la capacidad del fuselaje

Existen dos grandes grupos de aviones comerciales, según la capacidad del fuselaje:

Convencionales o de fuselaje estrecho *(Narrow Body)*
Aviones con un único pasillo en la cabina de pasajeros.

Fuselaje ancho *(Wide Body)*
Aviones de cabina ancha de pasajeros con dos pasillos de butacas.

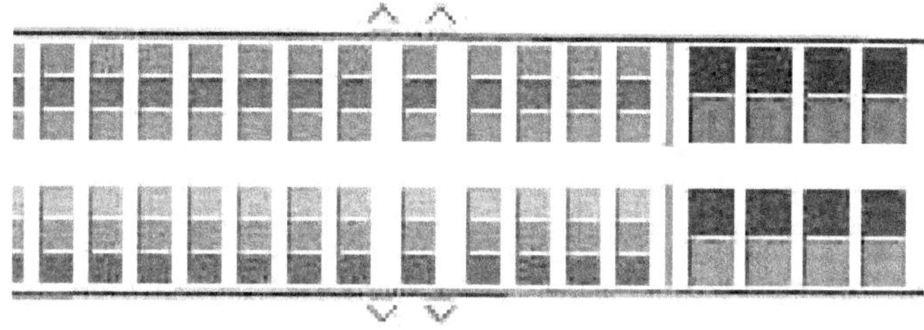

Figura 4.6. Cabina de pasajeros de un avión de fuselaje estrecho (Narrow Body).

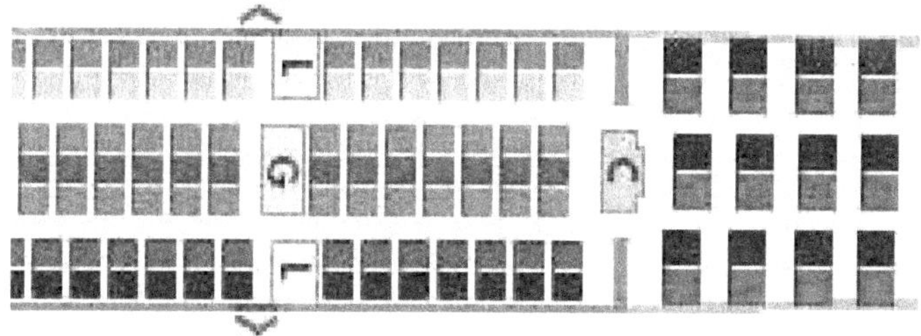

Figura 4.7. Cabina de pasajeros de un avión de fuselaje ancho (Wide Body).

1.5.2. Clasificación en función del uso comercial

En función del uso comercial al que se destinen las aeronaves, éstas se clasifican según las siguientes definiciones:

Aeronaves mixtas
Son las que en su piso superior o cabina de pasajeros, denominada en términos aeronáuticos en inglés *main deck*, transportan pasajeros y en los compartimentos inferiores o bodegas, denominadas *lower deck*, transportan la mercancía, correo, repuestos y el equipaje. La mayoría de las aeronaves comerciales pertenecen a este grupo y simultanean el transporte de pasajeros, mercancía y correo.

Figura 4.8. Avión mixto.

Aeronaves cargueras

Son las configuradas para transportar exclusivamente carga. En las aeronaves civiles se trata de versiones rediseñadas para el transporte de mercancías, adaptadas en su mayoría de aeronaves destinadas originalmente al transporte de pasajeros. En estas aeronaves la mercancía se estiba tanto en la cabina superior *(main deck)* como en los compartimentos o bodegas inferiores *(lower deck)*.

Figura 4.9. Avión carguero.

Aeronaves combi

Se trata de aeronaves en las que una parte de la cabina superior está destinada para el transporte de mercancías, reduciendo la capacidad de transporte de pasajeros y aumentando la del transporte de carga.

Aeronaves convertibles

Son aeronaves que disponen de una configuración que permite una rápida reconversión de su función, pasando del transporte de pasajeros al transporte exclusivo de carga o viceversa.

1.6. Limitaciones operativas de peso

Existen tres limitaciones operativas de peso del avión que, aunque vienen determinadas por el fabricante, suelen variar en razón de determinados factores:

Maximum Take-off Weight (MTOW)

Igual al peso máximo en el momento del despegue, contando el propio peso del avión, la carga, los pasajeros, el combustible, etc.

Maximum Landing Weight (MLW)

Peso máximo con el que puede aterrizar el avión. El peso del aterrizaje es igual al peso con el que haya despegado el avión menos el peso del combustible consumido durante el vuelo.

Figura 4.10. Operación de carga descarga de un avión mixto de la compañía Iberia.

Maximum Zero Fuel Weight (MZFW)

Se refiere al límite de peso máximo que se puede cargar en el avión sin incluir el peso del combustible.

A título meramente informativo, sin que puedan considerarse como datos técnicos, en la tabla 4.1 se indican algunas características de los aviones cargueros más frecuentes. Los datos técnicos siempre deben ser facilitados por los propios fabricantes u operadores, dado que en un mismo modelo de avión estos valores pueden variar sustancialmente por razones de configuración del aparato, tipo de motores, etc.

CARACTERÍSTICAS AVIONES CARGUEROS				
Tipo de avión	Peso máximo al despegue (MTOW)	Peso máximo al aterrizaje (MLW)	Peso en vacío	Carga máxima
	Kilogramos			
Antonov AN-124	392.002	330.002	175.000	120.001
Boeing 747-400	362.880	295.747	182.255	112.901
Ilyushin Il-76	190.002	151.500	101.000	50.000
DC-8/62	147.420	113.400	64.366	42.638
Airbus 300-200	165.002	134.003	88.500	40.000
Airbus 310	142.022	123.016	80.142	39.146
Boeing 727-200	95.029	73.030	45.360	29.529
Boeing 737-200	52.391	46.721	27.448	17.373

Tipo de avión	Envergadura (m)	Longitud (m)	Altura (m)	Superficie alas (m²)
Antonov AN-124	73,3	69,1	20,8	628,0
Boeing 747-400	64,4	70,7	19,4	541,2
Ilyushin Il-76	50,5	46,6	14,8	300,0
DC-8/62	45,2	48,0	12,9	271,9
Airbus 300-200	44,8	53,6	16,5	260,0
Airbus 310	43,9	46,7	15,8	219,0
Boeing 727-200	32,9	46,7	10,4	157,9
Boeing 737-200	28,4	28,7	11,3	91,1

Tabla 4.1. Características de los aviones cargueros más frecuentes.

Cada tipo de aeronave está codificado mediante tres dígitos que permiten identificar el tipo o el subtipo de avión, sin necesidad de mencionarlos por su nombre completo. Algunos ejemplos de ello se indican en la tabla 4.2.

CÓDIGOS SEGÚN TIPOS DE AVIONES			
Código	**Nombre**	**Código**	**Nombre**
100	Fokker 100	CN2	Cessna (light airgraft)twin piston
310	Airbus A310	CNA	Cessna (light aircraft)
312	Airbus Industrie A310-200	CNC	Cessna (light aircraft)singleturbo
313	Airbus A310-300	CNJ	Cessna Citation
332	Airbus A330-200	D1F	Mcdonell Douglas DC-10F
333	Airbus A330-300	D1M	Mcdonnell Douglas DC10 Combi
340	Airbus A340	D3F	Douglas DC-3F
342	Airbus A340-200	D6F	Douglas DC6a/b/c F
343	Airbus A340-300	D85	Mcdonnelldouglas DC8-50
345	Airbus A340-500	D86	Mcdonnell Douglas DC8-61
346	Airbus A340-600	D87	Mcdonell Douglas DC-8-71
703	Boeing B707	D8A	Mcdonelll Douglas DC8-63
707	Boeing B707/720	D8B	Mcdonnell Douglas DC-8-73
70F	Boeing B707F	D8F	Mcdonnell Douglas DC8F

Tabla 4.2. Ejemplos de codificación del tipo de avión.

1.7. Centrado del avión

Cualquier medio de transporte de mercancías requiere de una adecuada estiba de la carga con dos fines principales:

1. Mantener el centro de gravedad del medio de transporte dentro de las normas establecidas para cada uno de ellos.

2. Asegurar la carga evitando desplazamientos durante el transporte.

El primer objetivo queda reflejado en lo que se denomina "hoja de centrado" que prepara el personal especializado de tierra, previa confirmación de la estiba realizada por el personal de carga siguiendo las instrucciones recibidas del departamento correspondiente. Se trata de asegurar, por tanto, que la estiba de la carga se realice de manera que el centro de gravedad del avión esté situado dentro de los límites operativos permitidos.

En la "hoja de carga" se reflejan los datos reales de pesos y su distribución en las diversas zonas de las cabinas, tanto superior como inferior, y su diferencia con los pesos máximos operativos.

Ambos documentos son presentados al comandante de la aeronave.

1.8. Características de los compartimentos o bodegas de carga

Según el tipo y modelo de avión las características de las bodegas difieren unas de otras. Asimismo, dependiendo de si los compartimentos de carga están en la cabina superior o en el piso inferior, también es distinto el perfil de la bodega. Esto se puede observar en los dos esquemas siguientes de unas secciones transversales. En el caso de una cabina superior de carga el contorno es redondeado hacia arriba, tomando la forma de la cabina de pasajeros, en tanto que en el segundo caso el contorno es redondeado hacia abajo.

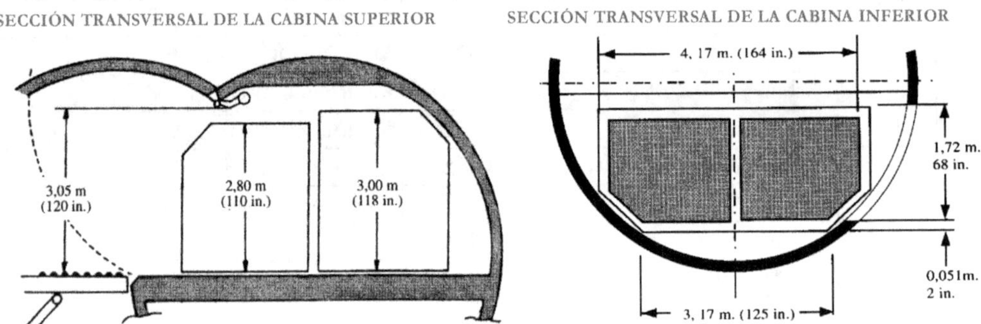

Figura 4.11. Secciones de la cabina de un avión carguero.

1.8.1. Limitaciones

Previamente a la realización de una operación de transporte de mercancías, es conveniente tener un detallado conocimiento de las características de las bodegas de los aviones en los que se va a realizar la operación. Si lo requiere la tipología de la mercancía, conviene también conocer con precisión el peso y las dimensiones de los bultos, ya que las bodegas de los aviones tienen diversas limitaciones en cuanto a capacidad, resistencia y controles sobre la carga durante el vuelo.

TIPOS DE LIMITACIONES DE LOS COMPARTIMENTOS DE CARGA				
Carga máxima	**Resistencia piso**	**Carga lineal**	**Volumen**	**Control**
Máximo kilos	Máximo kg/m²	Máximo kg/m	Máximo m³	Aireación Temperatura

Tabla 4.3. Limitaciones de los compartimentos de carga.

1.8.2. Puertas de bodegas

Es preciso asegurar que las dimensiones de los bultos que se pretende transportar sean las adecuadas para estibarlos en las bodegas del avión. Para ello, por cada una de las bodegas y modelo de avión existente, se dispone de unas tablas que permiten mediante dos medidas (por ejemplo, largo y ancho) del bulto correspondiente obtener la medida máxima de la tercera (alto). Si las medidas del bulto no son iguales o inferiores a las obtenidas, quiere decir que no será posible la estiba del bulto en la bodega de cuya tabla hemos obtenido la información.

ALTURA	ANCHURA										
	13 (5)	25 (10)	38 (15)	51 (20)	64 (25)	76 (30)	89 (35)	102 (40)	114 (45)	127 (50)	137 * (54)
	LONGITUD										
13 (5)	424 (167)	417 (164)	414 (163)	409 (161)	404 (159)	399 (157)	391 (154)	361 (142)	330 (130)	302 (119)	269 (106)
25 (10)	424 (167)	417 (164)	414 (163)	409 (161)	404 (159)	399 (157)	391 (154)	361 (142)	330 (130)	302 (119)	264 (104)
38 (15)	424 (167)	417 (164)	414 (163)	409 (161)	404 (159)	399 (157)	391 (154)	353 (139)	325 (128)	295 (116)	259 (102)
51 (20)	424 (167)	417 (164)	411 (162)	406 (160)	399 (157)	391 (154)	373 (147)	348 (137)	317 (125)	287 (113)	251 (99)
64 (25)	419 (165)	414 (163)	406 (160)	399 (157)	394 (155)	381 (150)	358 (141)	330 (130)	302 (119)	277 (109)	241 (95)
76 (30)	404 (159)	396 (156)	386 (152)	384 (151)	378 (149)	351 (138)	328 (129)	302 (119)	272 (107)	244 (96)	216 (85)
89 (35)	389 (153)	381 (150)	376 (148)	363 (143)	338 (133)	312 (123)	284 (112)	262 (103)	231 (91)	208 (82)	183 (72)
102 (40)	371 (146)	356 (140)	325 (128)	305 (120)	274 (108)	249 (98)	226 (89)	198 (78)	178 (70)	160 (63)	137 (54)
106 * (42)	345 (136)	325 (128)	297 (117)	272 (107)	246 (97)	221 (87)	196 (77)	170 (67)	147 (58)	135 (53)	119 (47)

* Estas medidas son las máximas admisibles.

Tabla 4.4. Modelo de tabla de dimensiones para la estiba en bodegas.

1.8.3. Sistemas de compartimentos de carga o bodegas

En los aviones pueden existir dos tipos diferentes de bodega, independientemente que se trate de compartimentos en la cabina superior o en la parte inferior del fuselaje.

Bodegas convencionales

La carga se estiba suelta *(bulk)*, utilizando generalmente para su elevación hasta la puerta de la bodega una cinta sin fin y fijándose la carga en la bodega mediante un sistema de redes o lonas.

Bodegas contenerizadas

Este sistema de bodegas permite la estiba de la carga en palés o contenedores específicos. El palé o contenedor se eleva a la altura del piso de la bodega mediante un equipo de manutención (plataforma elevadora).

Figura 4.12. Interior de una bodega mecanizada.

El desplazamiento del palé o del contenedor en el piso de la bodega se realiza de manera manual, si el avión no dispone de sistema mecanizado, o bien mediante mandos situados junto a la puerta de carga, cuando el piso de la bodega está automatizado.

Para este desplazamiento el piso de la bodega dispone de un sistema de bolas y rodillos que facilitan el traslado del palé o del contenedor, los cuales son finalmente anclados para evitar su movimiento durante el vuelo mediante un sistema de sujeción de que disponen los aviones.

Otros aviones de configuración carguera disponen en su cabina de medios mecánicos para el traslado y estiba de la carga, mediante sistemas de grúas.

2. Elemento unitario de carga, ULD

Los elementos utilizados para la constitución de cargas unitarias en el transporte aéreo de mercancías son conocidos como "ULD" o *unit load device,* que se traduce como "elemento unitario de carga". Aunque habitualmente los ULD se ajustan a las dimensiones de la bodega del avión, existen otros que no. Así, podemos agrupar los distintos tipos de ULD en dos apartados:

ULD perteneciente a la aeronave

Son unidades de ULD adaptadas a los sistemas de cargas y sujeción del avión y forman parte integral de la aeronave. Estas unidades pueden pertenecer a un transportista IATA, a los expedidores o a agrupaciones dedicadas a compartirlas o arrendarlas; en cualquier caso, deben disponer de las dimensiones reglamentadas y adaptarse a los criterios técnicos fijados por la IATA.

Figura 4.13. Contenedor aéreo en interior de una bodega manual.

ULD no pertenecientes a la aeronave

Estas unidades de ULD no se adaptan a los sistemas de sujeción de la aeronave. No obstante, deben sujetarse a las especificaciones estándar de la IATA, registradas y marcadas de acuerdo con los procedimientos de registro. Para beneficiarse de los incentivos en las tarifas o descuentos, estas unidades deben pertenecer a los expedidores o a terceras personas pero no a la línea aérea.

Existen diferentes tipos de ULD, aunque básicamente pueden englobarse en dos:

Palé

Los palés *(pallet,* en inglés) son elementos para la constitución de cargas unitarias. Se trata de superficies metálicas planas y de aluminio, sobre las que se sujeta la mercancía mediante redes. Al no existir un contorno estructural fijo, la estiba de la mercancía sobre el palé puede realizarse ajustándose al contorno de la bodega del avión, con lo que el aprovechamiento de su volumen interior es superior. No obstante, este sistema conlleva dificultades en la constitución del palé debido a la posible inestabilidad de la carga, de forma especial cuando se trata de realizar una construcción en la que, a determinada altura, la carga sobresalga de la longitud del palé, situación denominada *overlaping*.

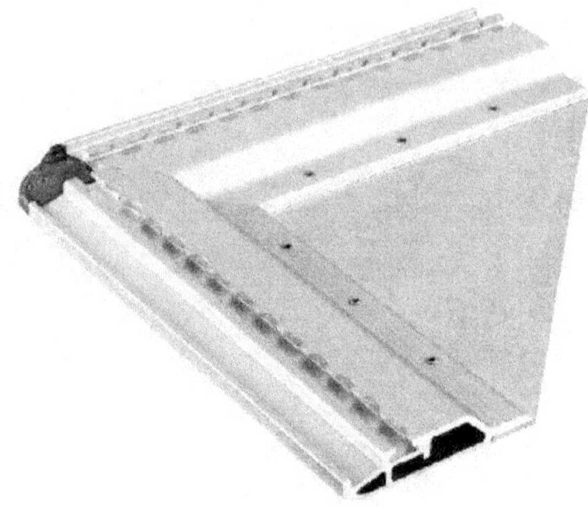

Figura 4.14. Sección de un palé.

Entre los diferentes tipos de palés, algunas compañías utilizan una variante denominada "palé con alas". En este modelo se permite aumentar la capacidad de carga mediante un accesorio anclado al palé. Estas "alas" permiten ubicar la mercancía en un contorno ampliado y ajustado al de la bodega del avión, según se muestra en la figura 4.15.

Existen diversos tipos de palés en función de sus medidas. En la tabla 4.5 se indican los que en la práctica son de uso más frecuente.

Figura 4.15. Sección de un "palé con alas".

Imagen	Códigos IATA	Medidas base		Medidas altura		Volumen
		In	cm	In	cm	m³
	P1A, P1C P1D, P1G P1P, PAA PAD, PAG PAJ, PAP	88 x 125	244 x 318	64 96 118	163 244 300	10,1 15,7 19,3
	P6A, P6C P6P, P6Q PMA, PMC PMP, PQP	96 x 125	244 x 318	64 96 118	163 244 300	11,1 16,9 20,1
	P7A, P7E P7F, P7G PGA, PGE PGF, PSA PSG	96 x 238,5	244 x 606	96 118	244 300	32,6 38,7

Tabla 4.5. Tipos de palé en función de sus medidas.

La altura de construcción y el contorno del palé se definen en función del tipo de avión en el que se va a realizar el transporte y del compartimento de carga que se vaya a utilizar. La altura máxima para las cabinas inferiores *(lower deck)* de la gran mayoría de los aviones es de 64", equivalente a 163 cm. En las cabinas superiores *(main deck)*, la altura máxima es de 118", equivalente a 3 m, en el Boeing 747 carguero o combi.

Contenedores

Los contenedores son recipientes cerrados que en uno o dos lados longitudinales disponen de puertas o cortinas de lona, capaces de asegurar un uso repetido, sin ruptura de la carga en caso de trasbordo entre aeronaves de características similares, de manejo sencillo y de fácil llenado y vaciado. El material utilizado es mayoritariamente aluminio, aunque frecuentemente se recurre a materiales plásticos o también a fibras de vidrio.

Al igual que en los palés, existen diversos tipos de contenedores en función de las medidas de la base y del contorno de la estructura. En la tabla 4.6 se indican las medidas de la base de uso más frecuente.

El contorno del contenedor tiene diversas formas geométricas para su adaptación a la bodega del avión y, asimismo, para un mayor aprovechamiento del volumen de la misma.

Otra variante en los tipos de contenedores corresponde a los denominados frigoríficos. Se utilizan para el transporte de mercancías perecederas que requieren una determinada temperatura para garantizar la conservación de la calidad, frescura e inocuidad, aspectos que cada día cobran mayor importancia en el comercio mundial de alimentos. Los más modernos funcionan con hielo seco como fuente de refrigeración, y pueden mantener la temperatura deseada en un rango de –20 °C a +20 °C por un período de 96 horas.

Imagen	Códigos IATA	Medidas base		Medidas altura		Volumen
		Pulgadas	cm	Pulgadas	cm	m³
	AKE, AVA, AVB, AVE, AVM, DVA, DVE, DVP	61,5 × 60,4	156 × 154	64	163	4,3
	AAU	88 × 125	224 × 318	64	163	14,5
	ALF, AWA, AWF	60,4 × 125	154 × 318	64	163	8,9
	AMU	96 × 125	244 × 318	64	163	15,8
	AA2, AAP	88 × 125	224 × 318	64	163	10,6

Tabla 4.6. Tipos de contenedor en función de las medidas de su base.

Figura 4.16. Modelos de contenedor frigorífico.

Los ULD se fabrican con unas características de dimensiones, materiales, identificación, etc., especificadas por la IATA. El código identificador consta de los siguientes caracteres:

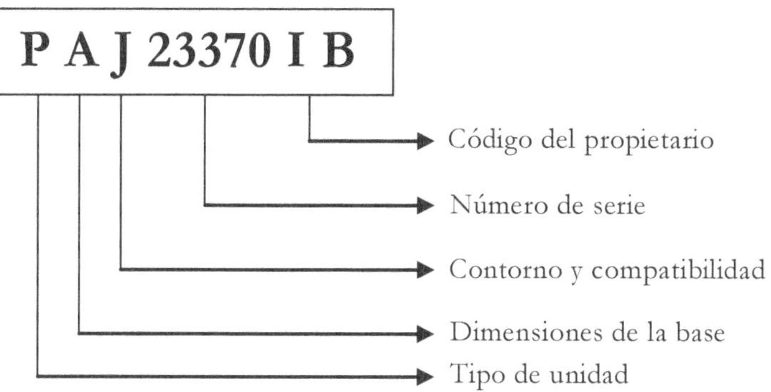

Figura 4.17. Código identificador de unidades ULD.

2.1. Elementos de transporte y carga-descarga de aeronaves

Dependiendo del tipo de avión, la carga y descarga de las mercancías y el correo se realiza utilizando equipos de manutención adecuados al medio de transporte, como son las cintas transportadoras y las plataformas elevadoras.

Figura 4.18. Introducción de la carga en la bodega de un avión desde una plataforma elevadora.

Se hace uso de las cintas, cuando el transporte de la mercancía y el correo se realiza a granel *(bulk)*, mientras que las plataformas elevadoras se utilizan para la carga y descarga de los diferentes tipos de palés y contenedores.

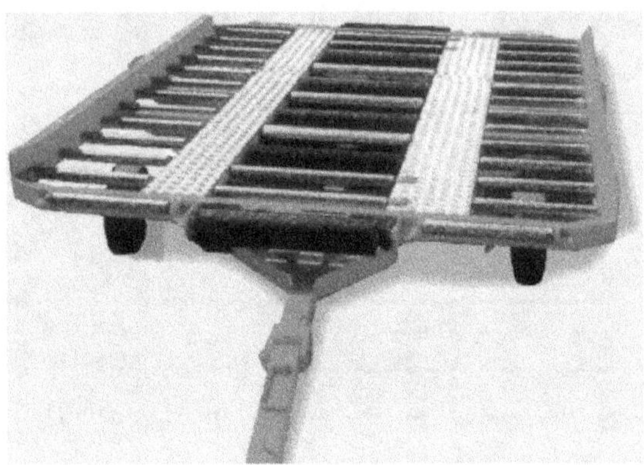

Figura 4.19. Modelo de portapalés.

Estos elementos de transporte (palés y contenedores) son transportados desde el terminal de carga hasta el avión, o viceversa, en carros especiales dotados de rodillos, denominados portapalés y portacontenedores.

El portapalés es una plataforma giratoria especialmente diseñada para el transporte de los palés. La altura con respecto al suelo es de 508 mm (20"), estándar en la aviación, y dispone de rodillos para facilitar la transferencia del ULD a otros equipos de manutención.

Figura 4.20. Modelo de portacontenedor.

Este elemento dispone asimismo de una lanza frontal y de un gancho posterior para el remolcado. La velocidad máxima de remolcado es de 15 km/h. y tiene un radio de giro de 10 m, aproximadamente.

Los contenedores cuya base no sobrepase las medidas de 1.565 mm x 1.565 mm (61,6" × 61,6") son transportados en equipos más pequeños, portacontenedores, pero de características similares al portapalés.

Figura 4.21. Modelo de transportador.

Para la carga y descarga de los palés y los contenedores que son transportados en estos equipos, es necesario realizar la transferencia de los mismos a o desde la plataforma elevadora que se sitúa en la puerta de la bodega del avión. Aunque ello puede realizarse directamente, acercando estos equipos a la plataforma, el modo más habitual es utilizar otro equipo denominado transportador, con sistema motorizado de desplazamiento del ULD.

Figura 4.22. Carros para el traslado de mercancía a granel.

En cuanto a la mercancía a granel, su traslado se realiza en carros especiales, pueden disponer de protecciones laterales e incluso de un sistema de lonas o carcasas para proteger la mercancía y el correo contra la lluvia. Dos modelos de carros de los de uso más frecuente se muestran en la figura 4.22.

Todos estos equipos son arrastrados en su transporte, desde el terminal de carga hacia el avión o en sentido inverso, por medio de un tractor de arrastre que dispone de un sistema de enganche adaptado a estos elementos de manutención.

Figura 4.23. Modelo de tractor de arrastre de elementos de manutención..

En los aeropuertos suelen producirse algunos problemas en el almacenamiento de las unidades de ULD, debido fundamentalmente a las dificultades de manejo y al espacio que ocupan. En cada aeropuerto suelen adoptarse sistemas que tratan de subsanar o minimizar dichos problemas. Para el almacenamiento de palés suele utilizarse estanterías similares a las de la figuras 4.24 y 4.25, que permiten en poco espacio el almacenamiento y clasificación de gran cantidad de palés, en función de sus medidas y de las compañías propietarias de las mismas.

Figura 4.24. Sistema de almacenaje de palés.

Figura 4.25. Sistema de almacenaje de palés.

El almacenaje de los contenedores y semicontenedores presenta incluso más problemas que el de los palés, adoptando en algunos casos el sistema de almacenamiento en varias alturas servidas por ascensores. Existen terminales de carga con más de un piso que utilizan el superior para el almacenaje de estos equipos vacíos, puesto que el almacenamiento a nivel del suelo requiere de superficies muy extensas.

Figura 4.26. Sistema de almacenaje de contenedores en el aeropuerto de Tokio.

2.2. Transferencia del ULD

Al objeto de evitar manipulaciones innecesarias de la carga, existe un acuerdo entre algunas compañías aéreas, promovido y gestionado por la IATA, mediante el cual no es necesario descargar la mercancía del ULD cuando se transfiere a otra compañía (no propietaria del mismo), con el fin de que la mercancía pueda continuar viaje a su destino en el mismo ULD en que ha salido de origen. La compañía receptora está obligada a devolver el ULD a la compañía propietaria en los plazos y condiciones establecidos; de lo contrario sufre unas penalizaciones en concepto de alquiler.

2.3. Cesión del ULD

Mediante acuerdos que se establecen entre las compañías aéreas y exportadores, agentes o transitarios, se realizan cesiones de unidades de ULD para que se prepare la carga de los mismos en sus propias instalaciones. Este sistema reporta grandes ventajas a los operadores y exportadores, puesto que se minimiza la manipulación de los bultos, la mercancía está más protegida y los tiempos de entrega en el aeropuerto se reducen. Para ello es necesario disponer de un medio de transporte al terminal de carga, con una base que permita la transferencia mediante un sistema de rodillos.

Los clientes que aplican estos sistemas pueden beneficiarse de tarifas especiales para el transporte de mercancía bajo la fórmula de unidades de ULD.

Capítulo 5
La comunidad logística

Se define como "comunidad logística" al conjunto de empresas de transporte, operadores logísticos, agentes económicos, operadores de handling, servicios, etc., que en mayor o menor medida intervienen en alguna de las fases del proceso del transporte aéreo de carga.

En este capítulo se desarrolla una aproximación a cada uno de los miembros de la comunidad logística de la carga aérea, definiendo sus funciones en el marco de la cadena de transporte.

1. La cadena de transporte

La cadena del transporte aéreo de mercancías está formada por el conjunto de procesos físicos y documentales que llevan a cabo las distintas empresas y organismos que intervienen en sus sucesivas fases.

El proceso se inicia en el exportador o remitente que procede al envío de la expedición a un destinatario o consignatario, con motivo de la realización de una transacción comercial.

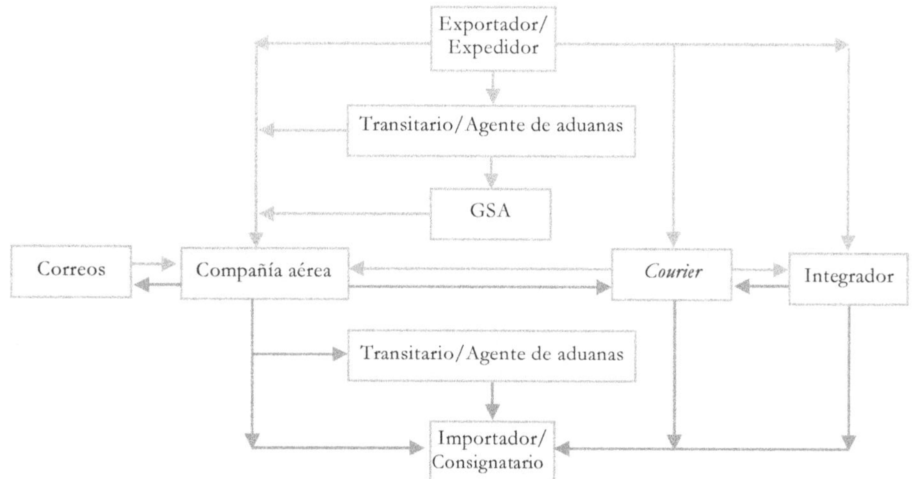

Figura. 5.1. Esquema relacional del proceso de la cadena de transporte aéreo.

El expedidor puede optar por varios canales para el transporte de sus productos, contactando con:

— Un agente transitario.

— Un *courier* internacional o integrador.

— Una compañía aérea.

En el caso del integrador surge una cadena totalmente cerrada, transportándose directamente la mercancía desde el exportador al importador, sin que normalmente surjan más intermediarios debido a que el integrador, según el servicio contratado, suele encargarse de todo el proceso, bien con medios propios o subcontratados.

Cuando el canal es el agente transitario el contacto con la compañía aérea se produce a través de éste. El agente de carga y la empresa transitaria son los encargados de planificar el envío, procediendo a contactar con el expedidor, preparar la documentación necesaria, recoger la mercancía en la puerta del cliente y entregarla a la compañía aérea transportista o a su agente handling.

La compañía aérea también puede desarrollar todo el proceso de transporte, dado que es la que realiza el transporte de la mercancía de aeropuerto de origen a aeropuerto de destino. Si algún tramo del trayecto no es realizado por la compañía original, ésta se encarga de transferir la mercancía a otra compañía para hacer llegar el producto al importador o a su agente.

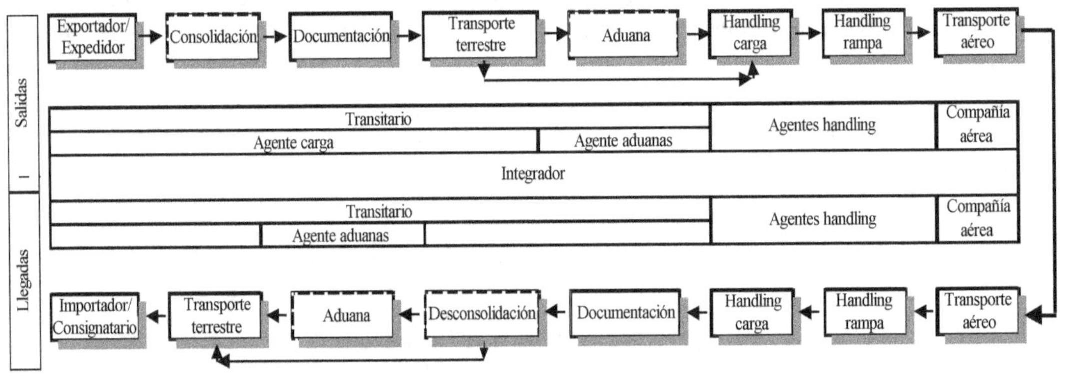

Figura. 5.2. Secuencia del proceso de la cadena de transporte aéreo.

En el caso de los envíos postales la cadena es totalmente distinta, dado que la relación es directa entre la organización postal y la compañía aérea, sin intervención de intermediarios.

Como puede observarse en la figura 5.2, en las distintas fases de la cadena de transporte los intervinientes tienen unos cometidos específicos.

El agente de aduanas es el encargado de realizar todos los trámites de despacho de aduana y de obtener los certificados de los servicios de inspección en frontera, en caso de que éstos sean requeridos.

El proceso logístico en las llegadas es muy similar al de las salidas, salvo que los agentes intervinientes suelen ser distintos como persona física o jurídica, pero no como entidad económica.

2. Servicios públicos de la Administración

La mercancía y determinado correo necesitan la intervención de algunos de los servicios públicos de la Administración, de forma previa al despacho de aduana para su embarque en un vuelo, o para la entrega al importador o a su agente en las llegadas. Esta circunstancia es debida a que la mayoría de los aeropuertos poseen la consideración de frontera y que un vuelo, aunque sea de tipo doméstico, puede transportar mercancía cuyo origen o destino sea un país tercero con el que no se tienen acuerdos de libre comercio; carga que, en consecuencia, estará sometida a los controles de la importación o la exportación.

Las intervenciones de los servicios públicos de la Administración se ven considerablemente reducidas con la creación de áreas económicas de libre comercio. La eliminación de las fronteras en la UE supuso en algunos países, por término medio, una reducción del 40 % de las intervenciones aduaneras.

El 21 de octubre de 1982 fue suscrito en Ginebra el Convenio Internacional sobre Armonización de los Controles de las Mercancías en las Fronteras, aprobado por el Reglamento (CEE) de la UE 1262/84 del Consejo de 10 de abril de 1984.

En este Convenio se hace una descripción de los "servicios de control en frontera", en los siguientes términos:

Aduanas
Servicios administrativos que están encargados de la aplicación de la legislación aduanera y de la recaudación de los derechos e impuestos de importación y exportación, así como de la aplicación de otras leyes y reglamentos relativos, entre otras cosas, a la importación, el tránsito y la exportación de mercancías.

Inspección médico-sanitaria
Inspección sanitaria para proteger la vida y la salud de las personas, con exclusión de la inspección veterinaria

Inspección veterinaria
Inspección sanitaria de animales y productos de origen animal efectuada para proteger la vida y la salud de las personas y los animales, así como la de objetos o mercancías que puedan transmitir enfermedades de los animales.

Inspección fitosanitaria
Esta inspección, dirigida a plantas y productos vegetales, tiene como finalidad impedir la introducción y propagación de cualquier tipo de elemento que ponga en peligro las plantas y los productos vegetales del propio país.

Control de calidad

Es cualquier control distinto de los anteriores, efectuado para comprobar que las mercancías se ajustan a las normas mínimas de calidad, nacionales o internacionales, previstas en la legislación correspondiente.

El citado convenio trata sobre la armonización de los controles de mercancías para mejorar la circulación internacional y facilitar el paso de las mercancías por las fronteras, dado que la agilidad y eficacia de estos servicios redunda en una mejora de la operativa del transporte, reducción de costes para los exportadores e importadores, disminución de tiempos en todo el proceso de la cadena logística y, por tanto, en una potenciación del comercio.

Algunos de los aspectos más importantes que tiene en cuenta dicho convenio en la prestación de estos servicios, son:

— Establecimiento de horarios y medios acordes con las necesidades del tráfico y de los agentes económicos.

— Armonización de los controles sin que se perjudique la finalidad, la debida aplicación y la eficacia de los mismos.

— Coordinación de los distintos servicios para evitar intervenciones sucesivas.

— Reducción de las exigencias de cumplimiento de formalidades y del número y la duración de los controles.

— Utilización de tecnologías de la información en todo el proceso.

A pesar de que el Convenio Internacional sobre Armonización de los Controles de las Mercancías en las Fronteras ha sido ratificado por la mayoría de los Estados, en algunos casos el desarrollo y la puesta en práctica de las recomendaciones no han tenido reflejo efectivo en el día a día, o bien están inmersas en un proceso más lento del deseado. No obstante, cada país puede adoptar la estructura de servicios que considere más conveniente, con dependencias funcionales o jerárquicas distintas.

2.1. Servicios de aduanas

La compraventa de productos entre países está sujeta al control aduanero y pago de aranceles e impuestos en el país de destino, salvo el comercio que se realiza entre países de una misma área económica o con las que se mantengan acuerdos comerciales preferenciales.

Este servicio está encomendado en España al Departamento de Aduanas e Impuestos Especiales de la Agencia Estatal de Administración Tributaria (AEAT), entidad pública dependiente del Ministerio de Hacienda.

Por lo que respecta a la carga, este Departamento es el responsable del control de

las mercancías y el correo en los tráficos con terceros países o con territorios sometidos a regímenes especiales.

En el proceso de tramitación ante la aduana y el pago de los derechos que proce-
dan se suelen utilizar los servicios del agente de aduanas o del transitario, que están
reconocidos por la aduana y obligados al pago de los derechos con la garantía depo-
sitada ante la misma.

En los envíos comerciales la solicitud de despacho de la mercancía, tanto de exportación como de importación, se realiza mediante la presentación del "documento
único administrativo" (DUA).

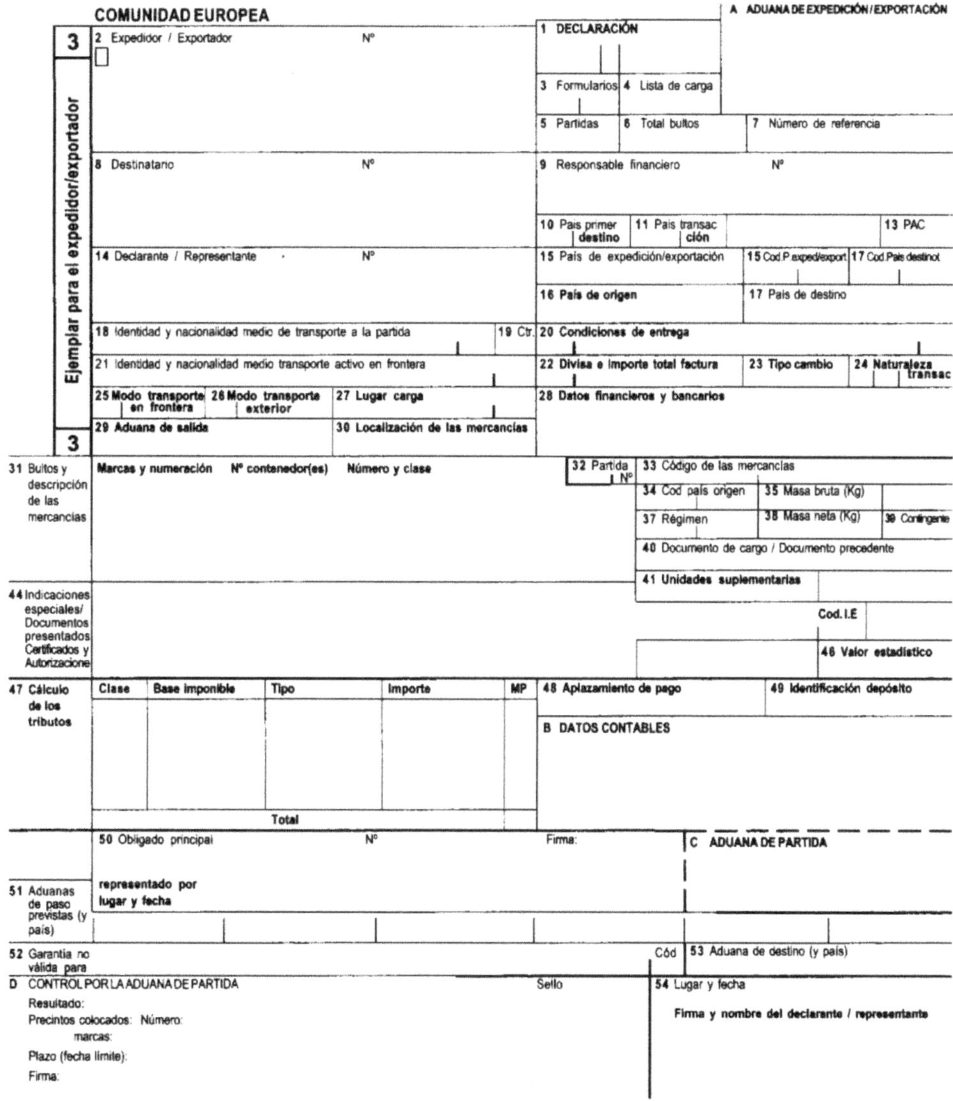

Figura 5.3. Modelo de "documento único administrativo" (DUA).

Núm. ejemplar	Destinatario
1	País de expedición/exportación
2	Uso estadístico del país de expedición/exportación
3	Expedidor/exportador
4	Aduana de destino
5	Devolución en el tránsito
6	País de destino
7	Uso estadístico del país de destino
8	Destinatario
9	Resguardo Fiscal

Tabla 5.1. Destinatarios de cada número de ejemplar del DUA
(documento único administrativo).

El formulario está compuesto por nueve ejemplares, los cuales deben utilizarse en función de la operación que se declare. Para facilitar su uso, el formulario se edita en series con los ejemplares necesarios para cada tipo de operación.

El arancel de aduanas está integrado por la nomenclatura combinada, capítulos, partidas, subpartidas y la tarifa arancelaria, que es el gravamen asignado a cada una de las partidas y subpartidas.

AEROPUERTOS ESPAÑOLES CON ADUANA	
Álava	Madrid
Alicante	Mahón
Almería	Málaga
Asturias	Melilla
Barcelona	Murcia
Bilbao	Palma de Mallorca
El Hierro	Santander
Fuerteventua	Santiago de Compostela
Gerona	Sevilla
Gran Canaria	Tarragona
Granada	Tenerife Norte
Guipúzcoa	Tenerife Sur
Ibiza	Valencia
La Coruña	Vigo
La Palma	Zaragoza
Lanzarote	

Tabla 5.2. Aeropuertos españoles que prestan servicio
de aduana.

Basándose en la nomenclatura combinada y en el arancel, la UE estableció un "arancel integrado de las Comunidades Europeas", denominado "Taric".

Como consecuencia de la eliminación de las fronteras intracomunitarias, desde el año 1993 las mercancías con origen o destino a terceros países pueden circular a través de cualquier país de la UE bajo control aduanero en régimen de "tránsito comunitario externo" o "tránsito comunitario interno", para los cuales se establecen las normas y facilidades de los procesos.

En el ámbito de la UE, la normativa aduanera fundamental está recogida en el Código Aduanero Comunitario, aprobado por el Reglamento CEE 2913/92 y el Reglamento de Aplicación CEE 2454/1993, por el que se fijan determinadas disposiciones de aplicación del Código Comunitario.

2.1.1. *Almacén de depósito temporal*

La normativa comunitaria establece que las mercancías que se introduzcan en el territorio aduanero de la Comunidad deberán ser trasladadas a la aduana designada por las autoridades aduaneras, o bien a cualquier otro lugar designado o autorizado por la aduana.

Hasta tanto no reciban un destino aduanero, las mercancías presentadas en la aduana tienen el estatuto de mercancías en depósito temporal.

Los almacenes autorizados por la aduana para recibir las mercancías bajo este estatuto se denominan "Almacén de Depósito Temporal" (ADT).

Esta figura aduanera ha tenido una gran importancia en la descentralización y descongestión de las instalaciones aeroportuarias de primera línea, en la agilización de procesos y en la reducción de costes.

La legislación permite el traslado de mercancías entre almacenes autorizados por la aduana mediante un sencillo sistema de solicitud por teleproceso, cuando el traslado se efectúa entre almacenes situados en el territorio de una misma aduana provincial.

2.1.2. *Sistema telemático de despacho*

Con el desarrollo de las tecnologías de la información y de la comunicación, se han ido implantado progresivamente los despachos de aduanas por medio de técnicas telemáticas. En este sentido, cabe destacar el gran avance realizado por la aduana española en los últimos años.

El sistema consiste en la utilización de un sistema de telecomunicaciones que transmite mensajes normalizados EDI *(electronic data interchange,* o intercambio electrónico de datos), de la norma Edifact (norma ISO 9735), cuyo fichero se remite a la aduana a través de internet para que los operadores presenten el DUA en las distintas operaciones y, entre ellas, las referentes a los despachos de exportación, importación y tránsito.

El desarrollo de los medios telemáticos que agilizan los trámites de aduana a los operadores permite pagar los adeudos aduaneros a través de internet, lo que implica la obtención de la autorización de "levante" (autorización de retirada de la mercancía o de embarque en la exportación), cuando se trate de un DUA con pago previo que haya sido asignado a circuito verde. En el resto de los casos, con la reposición automática del saldo de la garantía se contempla la posibilidad de que sea el propio operador quien imprima la carta de pago de las deudas objeto de abono a la aduana.

La asignación de un circuito en la solicitud de despacho permite al operador conocer, de forma casi inmediata, si a una mercancía se le ha concedido el levante (circuito verde), si requiere la presentación de la totalidad de la documentación ante la aduana (circuito naranja), o si se debe proceder a un reconocimiento físico de la mercancía (circuito rojo).

2.2. Servicios de inspección en frontera

Se denominan "servicios de inspección en frontera", o también servicios de inspección para-aduanera, a los que se requiere para su intervención y dictamen de forma previa a la concesión por la aduana del correspondiente levante de la mercancía, autorizando su salida en la exportación o su entrega al consignatario en la importación. La función de estos servicios es determinar si las mercancías se ajustan a lo manifestado en la documentación y si cumplen con todos los requisitos y normativas vigentes, tanto nacionales como de la Comunidad Europea.

El procedimiento se realiza mediante el correspondiente "solicito de inspección", el cual se presenta ante los correspondientes servicios de inspección.

En caso de requerir inspección física, la apertura del embalaje precisa de una autorización C-5, "Solicitud de actuaciones previas al despacho", emitida por la aduana. La inspección física de la mercancía se realizará en presencia del agente de aduanas o consignatario, personal de la terminal de carga y un representante del "Resguardo fiscal".

En el supuesto de requerir la extracción de una muestra de la mercancía para un análisis que determine las condiciones de la misma, la toma de muestra debe justificarse documentalmente en el correspondiente "solicito" (C-5).

Las correspondientes inspecciones se distribuyen en los siguientes servicios:

– Sanidad Exterior.
– Sanidad Animal.
– Sanidad Vegetal.
– Comercio Exterior, Catice.

2.2.1. Sanidad Exterior

Sanidad Exterior es un servicio dependiente de la Dirección General de Salud Pública del Ministerio de Sanidad y Consumo. Su ámbito de actuación general en la inspección de las mercancías se centra en los productos de origen animal para consumo humano (pescados, mariscos, carne, lácteos, etc.), productos farmacéuticos y restos humanos.

Cuando se trate de inspecciones a productos de origen animal de consumo humano procedentes de terceros países, según está reglamentado en la UE, debe tenerse en cuenta que éstos solamente pueden introducirse a través de aeropuertos autorizados como PIF, y que los reconocimientos físicos deben realizarse en las instalaciones establecidas y autorizadas al efecto.

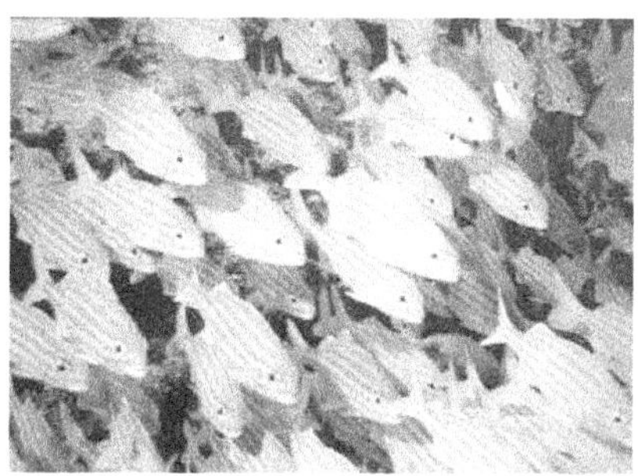

Figura 5.4. La inspección de pescados es una de las competencias del servicio de Sanidad Exterior.

Figura 5.5. La inspección sanitaria de animales corresponde al servicio de Sanidad Animal.

2.2.2. Sanidad Animal

Sanidad Animal es un servicio dependiente funcionalmente de la Subdirección General de Sanidad Animal del Ministerio de Agricultura, Pesca y Alimentación. Su ámbito de actuación se circunscribe a la inspección de animales vivos y productos de origen animal de no consumo humano.

2.2.3. Sanidad Vegetal

Sanidad Vegetal es un servicio dependiente funcionalmente de la Subdirección General de Sanidad Vegetal del Ministerio de Agricultura, Pesca y Alimentación. Se encarga de los dictámenes fitosanitarios para el control y lucha contra las plagas en los productos vegetales.

2.2.4. Comercio Exterior, Catice

Comercio Exterior es un servicio encargado de la expedición del Certificado de Control e Inspección Oficial de una serie de productos alimentarios, garantizando el cumplimiento de las normas de calidad de las especificaciones comerciales y de aquellas concernientes a sus envases y embalajes.

<table>
<tr><td colspan="2" rowspan="2">CITES</td><td rowspan="2">CONVENCIÓN SOBRE EL COMERCIO INTERNACIONAL DE ESPECIES AMENAZADAS DE FAUNA Y FLORA SILVESTRES</td><td colspan="2">PERMISO/CERTIFICADO No.</td><td>Original</td></tr>
<tr><td colspan="2">❑ EXPORTACIÓN
❑ REEXPORTACIÓN
❑ IMPORTACIÓN
❑ OTRO:</td><td>2. Válido hasta el</td></tr>
</table>

Formulario CITES — Permiso/Certificado:

3. Importador (nombre y dirección)	4. Exportador/reexporador (nombre, dirección y país)
3a. País de importación	Firma del solicitante
5. Condiciones especiales	6. Nombre, dirección, sello/timbre nacional y país de la Autoridad Administrativa

Para animales vivos: este permiso o certificado es válido sólo si las condiciones de transporte se ajustan a las Directrices sobre el transporte de animales vivos o, en caso de transporte aéreo, a la Reglamentación para el transporte animales vivos de la IATA

5a. Propósito de la transacción (véase al dorso)	5b. Estampilla de seguridad No.

7./8. Nombre científico (género y especie) y nombre común del animal o planta	9. Descripción de los especímenes: incluso las marcas o los números de identificación (edad/sexo, si vivos)	10. Apéndices y origen (véase al dorso)	11. No. de especímenes (incluso la unidad de medida)	11a. Total exportado/Cupo
A 7./8.	9.	10.	11.	11a.
12. País de origen * Permiso No. Fecha		12a. País de la última reexportación Certificado No. Fecha		12b. No. del establecimiento ** o fecha de adquisición ***
B 7./8.	9.	10.	11.	11a.
12. País de origen * Permiso No. Fecha		12a. País de la última reexportación Certificado No. Fecha		12b. No. del establecimiento ** o fecha de adquisición ***
C 7./8.	9.	10.	11.	11a.
12. País de origen * Permiso No. Fecha		12a. País de la última reexportación Certificado No. Fecha		12b. No. del establecimiento ** o fecha de adquisición ***
D 7./8.	9.	10.	11.	11a.
12. País de origen * Permiso No. Fecha		12a. País de la última reexportación Certificado No. Fecha		12b. No. de la operación ** o fecha de adquisición ***

* País en el que los especímenes fueron recolectados en la naturaleza, criados en cautividad o reproducidos artificialmente (sólo en caso de reexportación)
** Solamente para los especímenes de especies incluidas en el Apéndice I criados en cautividad o reproducidos artificialmente con fines comerciales
*** Para los especímenes preconvención

13. Permiso/certificado expedido por:

Lugar	Fecha	Estampilla de seguridad, firma y sello oficial

14. Aprobación de la exportación: 15. Conocimiento de embarque/carta de porte aéreo No.:

Sección	Cantidad				
A					
B					
C		Puerto de exportación	Fecha	Firma	Sello oficial y título
D					

PERMISO/CERTIFICADO CITES No.

Figura 5.6. Modelo de permiso certificado de la Cites.

Comercio Exterior realiza sus funciones en los Centros de Asistencia Técnica e Inspección del Comercio Exterior (Catice). A este servicio también se le conoce con el nombre de Soivre (Servicio Oficial de Inspección, Vigilancia y Regulación de las Exportaciones).

Entre sus funciones también se encuentra la inspección de especies protegidas, conocidas por el acrónimo de Cites.

2.2.4.1. *Cites*

La Cites (Convención sobre el Comercio Internacional de Especies Amenazadas de la Fauna y Flora Silvestre), es un acuerdo internacional concertado entre los Estados y que tiene por finalidad velar porque el comercio de especímenes de animales y plantas silvestres no constituya una amenaza para su supervivencia.

El acuerdo se redactó como resultado de una resolución aprobada en una reunión de los miembros de la UICN (Unión Mundial para la Naturaleza), celebrada en 1963. El texto de la Convención fue finalmente acordado en una reunión de representantes de ochenta países celebrada en Washington DC (EEUU), el 3 de marzo de 1973, y entró en vigor el 1 de julio de 1975. Actualmente cuenta con más de ciento cincuenta países adscritos y ofrece diversos grados de protección a más de 30.000 especies de animales y plantas.

La Cites reglamenta la exportación, reexportación e importación de animales y plantas, vivos o muertos, y de sus partes o derivados, mediante un sistema de permisos y certificados que se expiden cuando se cumplen determinados requisitos. La documentación correspondiente ha de presentarse antes de que se autorice que una expedición de especímenes salga o entre en un país.

Anualmente, el comercio internacional de vida silvestre se eleva a millones de dólares y afecta a cientos de especies de animales y plantas. Este tipo de comercio es muy diverso y concierne desde animales y plantas vivas hasta una vasta gama de productos derivados de la vida silvestre, como los productos alimentarios, artículos de cuero, instrumentos musicales fabricados con madera, artículos de recuerdo, etc.

Cada país ha de designar una o más autoridades administrativas encargadas de expedir los permisos y certificados relacionados con la Cites, teniendo en cuenta los dictámenes de una o más autoridades científicas. En el caso de España, el Real Decreto 1739, de 20 de noviembre de 1997, designó las siguientes autoridades:

— Autoridad administrativa principal: Secretaría General de Comercio Exterior (Ministerio de Economía).

— Autoridad administrativa adicional: Departamento de Aduanas e Impuestos Especiales de la Agencia Estatal de Administración Tributaria (Ministerio de Hacienda).

— Autoridad científica: Dirección General de Conservación de la Naturaleza (Ministerio de Medio Ambiente).

Pasos para determinar la validez de un permiso CITES.

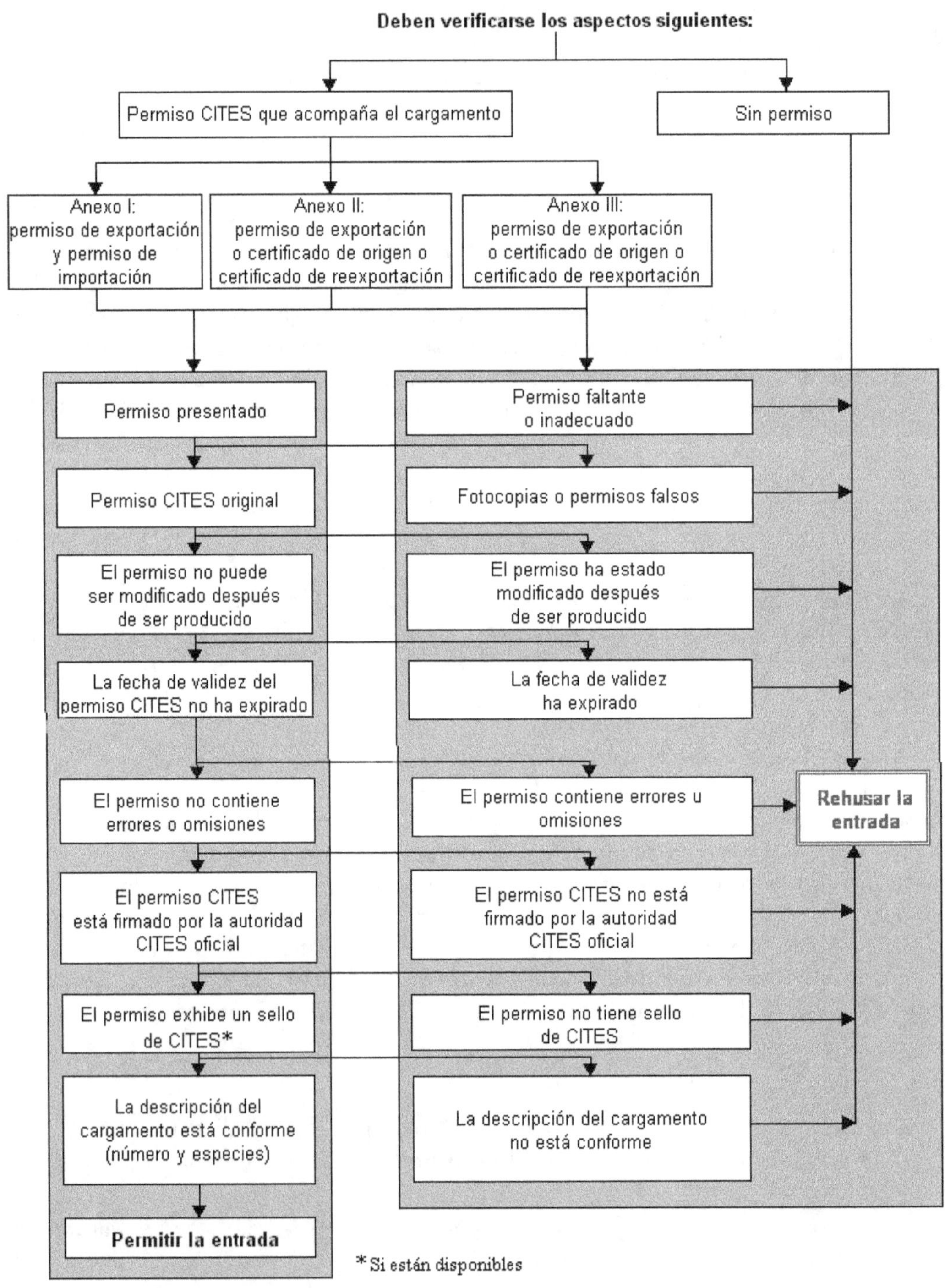

Figura 5.7. Esquema del procedimiento de un permiso certificado Cites.

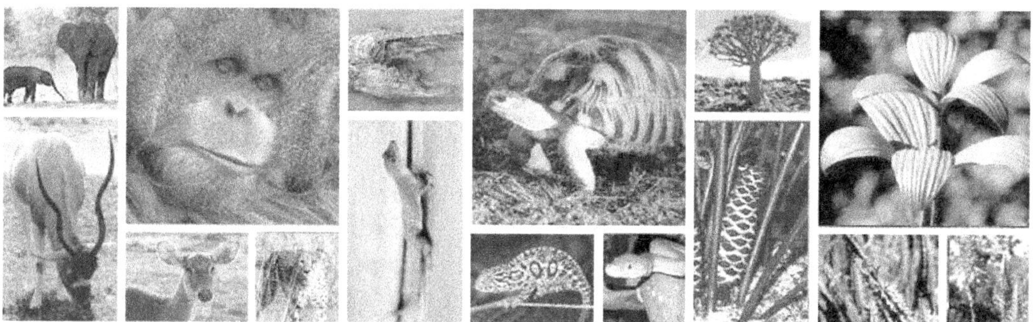

Figura 5.8. La Cites ofrece protección a más de 30.000 especies de animales y plantas.

Las especies animales y vegetales sujetas a distintos grados de reglamentación figuran en tres apéndices:

Apéndice I: se incluyen las especies que se encuentran en peligro de extinción, cuyo comercio está sometido a una estricta reglamentación y solamente se autoriza bajo circunstancias excepcionales.

Apéndice II: especies que aunque en la actualidad no se encuentran necesariamente amenazadas de extinción, podrían llegar a estarlo si su comercio no se regula estrictamente.

Apéndice III: especies sometidas a reglamentación dentro de la jurisdicción de una parte y cuya explotación no se puede limitar sin la cooperación de otros países.

El Reglamento Comunitario 338/97 regula la normativa Cites y los especímenes se incluyen en cuatro anexos: A, B, C y D.

Dicho reglamento establece que los Estados miembros designarán las oficinas de aduanas en las que se efectuarán las verificaciones y trámites para la introducción en la Comunidad y para la exportación de especies protegidas por la Cites.

Es bien conocida la existencia de un comercio ilegal de las especies protegidas por la Cites. Por este motivo, existen compañías aéreas que establecen restricciones, en algunos casos fuertes, para el transporte de especímenes que estén incluidos en todos o parte de sus apéndices.

En España, el Real Decreto 1649/98 que desarrolla el Título II de la Ley Orgánica 12/95, relativo a las infracciones administrativas de contrabando, tipifica como delito o infracciones de esta tipología las operaciones realizadas con especímenes de fauna y flora amenazadas de extinción y recogidas en el Convenio Cites.

2.3. Correos

Históricamente, se entiende por "correo" los servicios que prestan las organizaciones postales de cada país.

Hasta hace escasos años, el negocio fundamental de las organizaciones postales eran las cartas y documentos. No obstante, de un tiempo a esta parte se ha producido una significativa evolución en el sector, con el desarrollo de los procesos de desregulación y de fin de los monopolios nacionales, privatización de las organizaciones postales, introducción en los mercados del paquete *express,* de la carga aérea y de los servicios logísticos en general.

Esta nueva situación está llevando a las organizaciones postales a la adquisición de participaciones en empresas del sector de la carga aérea, fundamentalmente "integradores", o a establecer convenios y acuerdos de colaboración con otras empresas de servicios logísticos generales, transporte y distribución física.

Se ponen en evidencia movimientos que hacen prever la formación de grupos de organizaciones postales con una importante posición de dominio del mercado. Es el caso de Deutsch Post, el correo alemán, fusionado con empresas como el integrador DHL, el transportista Guipuzcoana Express, o tomando participación al mismo tiempo en compañías aéreas como Lufthansa Cargo.

Las organizaciones postales disponen generalmente de una potente red de distribución que, unida a la rapidez del transporte aéreo, ofrece cada día servicios de mayor calidad.

En definitiva, más allá de actuar como proveedores de servicios postales, el camino al que se dirigen es más el de convertirse en empresas de servicios logísticos globales.

3. Agentes económicos

El transporte de carga aérea es una actividad compleja, en la que no sólo se requiere familiarizarse con las tarifas y normas de las compañías aéreas, sino que cada día es más necesario un amplio conocimiento de los reglamentos nacionales e internacionales.

Por ello, los exportadores e importadores suelen recurrir a los servicios de empresas y profesionales especializados en el transporte de carga aérea.

3.1. El agente de carga IATA

El "agente de carga IATA" es una empresa reconocida y autorizada por la IATA para actuar como agente de las compañías aéreas miembros de esta organización, representándoles ante los expedidores de las mercancías. Aproximadamente, el 85 % del tráfico mundial de carga aérea se canaliza a través de las "agencias de carga IATA".

Dichas agencias perciben por su intervención un porcentaje del flete, que no repercute directamente en el cliente y que es abonado por la compañía aérea. Además, pueden girar cargos a los clientes por la prestación de servicios adicionales: recogida, entrega, almacenaje, seguros de transporte, etc.

Por su parte, las compañías aéreas facilitan a los agentes de carga IATA los contratos de transporte que éstos emiten en nombre de las mismas. Actualmente, debido a las facilidades que ofrecen los sistemas informáticos, es frecuente la emisión del contrato de transporte en soporte digital, asignando el propio sistema el número de documento que obtiene de una relación que previamente le ha facilitado la compañía aérea. Este sistema de emisión se denomina "documento neutro", puesto que no se encuentra numerado previamente sino que la operación se realiza en el mismo momento de su emisión por la computadora.

Figura 5.9. Instalaciones de agentes de carga IATA en el Centro de Carga Aérea de Madrid-Barajas.

3.1.1. Sistema de liquidación de cuentas de carga (CASS)

El sistema de liquidación de cuentas de cargas (CASS) ha sido desarrollado por la IATA para simplificar, facilitar y controlar la información sobre las ventas y liquidaciones de los agentes de carga a las compañías aéreas.

En los países en los que dicho sistema está implantado existe una "oficina de liquidación", a la que se remite la copia correspondiente del documento del contrato de transporte ("conocimiento aéreo") emitido por el agente, para que proceda a su procesamiento y control.

En la "fecha de remesa" el agente paga la suma total que le corresponda a la oficina de liquidación, la cual la ingresa en una cuenta desde la que se efectúa el pago a cada transportista aéreo.

3.2. Agentes de aduana

Los agentes de aduana son personas físicas o jurídicas que, por cuenta de terceros, realizan ante la aduana los correspondientes trámites de despacho aduanero de la mercancía.

El agente de aduanas ejerce, pues, funciones de intermediación entre los importadores o exportadores y la administración aduanera en la tramitación del despacho de las mercancías.

Entre sus funciones están:

- Presentar ante la aduana la documentación requerida para los despachos (DUA, factura comercial, relación de bultos o *packing list,* certificados, etc.).

- Atender los requerimientos de la aduana y de los servicios de inspección en frontera, en el caso de que requieran la inspección física de la mercancía, acto en el que igualmente estará presente.

- Abonar en nombre del propietario de la mercancía los aranceles, el IVA y cuantos devengos proceda.

Asimismo, realiza funciones de asesoramiento para el cargador en todo lo relativo al comercio internacional, como régimen comercial aplicable, clasificación arancelaria, tipo impositivo de arancel, IVA, exenciones, franquicias, restituciones y otras modalidades de la práctica aduanera.

3.3. El transitario

La empresa transitaria está especializada en la organización y gestión, por encargo del propietario de la carga (cargador), de la cadena de transporte internacional de mercancías (o de parte de ella) en cualquiera de sus modos (aéreo, carretera, ferrocarril y marítimo).

Debe, pues, organizar la cadena de transporte de un determinado envío desde su punto de origen hasta la entrega en otro punto de destino, bien sea éste el almacén del destinatario final de la mercancía, en su propio almacén o bien en el de su corresponsal.

Para su labor, el transitario contrata o realiza todas las operaciones que ello conlleva: transporte físico de las mercancías, operaciones aduaneras, embalajes, consolidación y desconsolidación de cargas, almacenajes, seguros, trámites bancarios y documentarios, etc.

La actividad transitaria está regulada en España por la Ley 16/1987 sobre Ordenación de los Transportes Terrestres (LOTT). En su artículo 126.1 identifica la responsabilidad y posición contractual de esta actividad:

"Los transitarios podrán llevar a cabo su función de organizadores de los transportes internacionales y en todo caso de aquellos que se efectúen en régimen de tránsito aduanero, realizando en relación con los mismos las siguientes actividades:

a) Contratación con el transportista, actuando en nombre propio y como cargadores, de un transporte que a su vez hayan contratado, también en nombre propio, con el cargador efectivo, ocupando frente a éste la posición de transportistas.

b) Recepción y puesta a disposición del transportista designado por el cargador de las mercancías a ellos remitidas como consignatarios".

La actividad de la empresa transitaria, comercializando y coordinando todo tipo de transporte, se centra especialmente en el transporte en régimen de grupaje. Además, el transitario ofrece una amplia gama de prestaciones logísticas.

El sector de las empresas transitarias está muy fragmentado. Una cantidad considerable de ellas, más de seis mil, son a su vez agencias de carga registradas por la IATA, con tamaños muy diferentes y volumen de negocio que supera los 50 billones de dólares (USD) en los servicios de transporte terrestre y aéreo.

3.4. Consolidadores de carga

Los agentes de carga IATA, pueden realizar lo que se denomina "consolidación de carga", consistente en la agrupación de varios envíos que han sido originados por más de un expedidor.

El agente consolidador debe entregar la expedición consolidada al transportista aéreo como una única expedición, mediante un único contrato de transporte denominado "Master"; en tanto que deberá emitir un documento de contrato de transporte, denominado interior o *house,* para cada uno de los expedidores.

En el contrato de transporte aéreo *master,* el agente consolidador debe figurar como remitente de la mercancía y el agente desconsolidador como destinatario de la misma.

El destino final de cada una de las expediciones que forman el consolidado no tiene por qué ser el mismo, puesto que frecuentemente se da el caso de que el consolidado se envía a un punto que hace las funciones de *hub,* en el cual se desconsolida y se procede al reenvío al destino final de cada expedición interior, bien por el modo aéreo, emitiendo un nuevo contrato de transporte para el trayecto que hay que realizar, o por otros modos de transporte.

El envío consolidado se puede entregar a la compañía transportista en unidades de carga ULD, se haya aplicado o no la tarifa "U", o a granel.

Aunque se trata de formas de envío distintas, es frecuente confundir consolidado con ULD. Cuando un agente aplica la tarifa de carga de ULD tiene la obligación de presentar a la compañía transportista la mercancía en el elemento de carga correspondiente, sea consolidado o no, y preparada para ser embarcada en el tipo de avión que opere en el vuelo previsto. Sin embargo, si no se aplica la tarifa de ULD se puede entregar a granel.

En la figura 5.12 se representa gráficamente el proceso de una operación de transporte aéreo de carga consolidada.

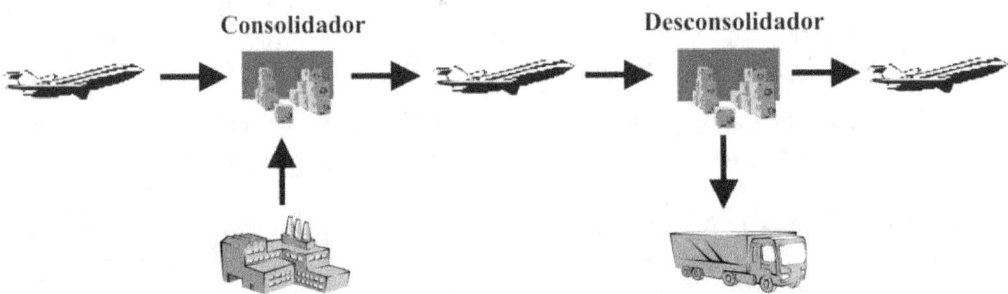

Figura 5.10. Esquema de una operación de consolidación.

4. Operadores

4.1. Compañías aéreas

Se denominan compañías aéreas las empresas dedicadas al transporte aéreo de pasajeros, de mercancías o de correo.

Dependiendo del mercado que atienden, pueden clasificarse en:

Regionales o de tercer nivel
Compañías aéreas que operan habitualmente en distancias cortas y con aviones pequeños.

Nacionales
Compañías aéreas en las que su ámbito de operación figura en el interior del territorio de un país.

Internacionales
Compañías aéreas que realizan vuelos en el territorio de un país y unen a éste con otros países.

4.2. Compañías y carga aérea

Como ya hemos visto anteriormente, la carga aérea se refiere al transporte de cualquier tipo de mercancía, por lo que abarca a cualquier cosa transportada o destinada a ser transportada en una aeronave, sin considerar al correo o cualquier otra mercancía transportada bajo los términos de una convención postal internacional. Sin embargo, en el trabajo diario de los profesionales del transporte, cuando se refieren a "la carga" se considera incluido el correo.

En función del tipo de tráfico que atiendan, las compañías pueden clasificarse en:

	Mixtas	Cargueras	Integradores
Regulares	Compañías con servicios regulares programados para el transporte de pasajeros, carga y correo	Compañías de transporte exclusivo de carga y con programación de vuelos regulares. Algunas compañías mixtas disponen de aviones cargueros con los que también realizan servicios programados	Compañías con servicios regulares para el transporte de carga y de forma especial de carácter urgente con un servicio puerta a puerta que cubre la logística de toda la cadena
Chárter	Compañías cuya línea de negocio principal es el vuelo chárter de pasajeros. En corredores con vuelos chárter programados suelen aprovechar la capacidad de las bodegas para el transporte de carga	Compañías dedicadas al negocio casi en exclusividad al chárter de carga y de forma muy especial en régimen de *wet-lease*	No es frecuente la operación chárter por integradores, para no comprometer su operación. En el caso de realizar alguna operación suele ser en régimen de *wet-lease*

Tabla 5.3. Esquema de clasificación de compañías aéreas en función del transporte de carga.

4.2.1. Parámetros del negocio

En el negocio de la aviación son de uso muy frecuente ciertos parámetros a los que se hace referencia continuamente en noticias o artículos especializados. Los más significativos son:

✈ Asientos-kilómetros ofertados (AKO)

Es una unidad de producción que se utiliza en el transporte de pasajeros, permitiendo medir la capacidad ofertada ponderada por la distancia recorrida. Se obtiene multiplicando el número total de asientos ofrecidos para su comercialización en un tramo por la distancia ortodrómica (en kilómetros) de dicho tramo.

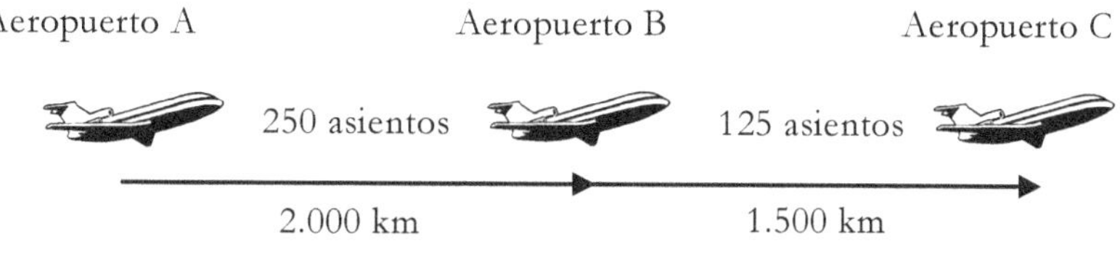

Figura. 5.11. Modelo de unidad de producción "AKO (asientos-kilómetros ofertados)".

Tomando este ejemplo, obtendríamos el siguiente resultado:

$$250 \times 2.000 + 125 \times 1.500 = 687.500 \text{ AKO.}$$

Las compañías de transporte de pasajeros acostumbran a referir sus ingresos y costes a esta unidad de producción, con el fin de obtener una media comparable del ingreso unitario (ingresos por pasajeros por AKO).

Tratándose de este parámetro, el cálculo es muy sencillo. Sin embargo, puede complicarse cuando este tipo de parámetro lo queremos utilizar en la carga, como se verá más adelante.

✈ Pasajeros-kilómetros transportados (PKT)

Es una medida comercial de la demanda, ponderando el número de pasajeros con la distancia recorrida.

Se obtiene multiplicando el número de pasajeros de pago en un tramo por la distancia ortodrómica (en kilómetros) de dicho tramo.

Si tomamos el mismo ejemplo anterior pero sobre la base de los pasajeros, en lugar de asientos:

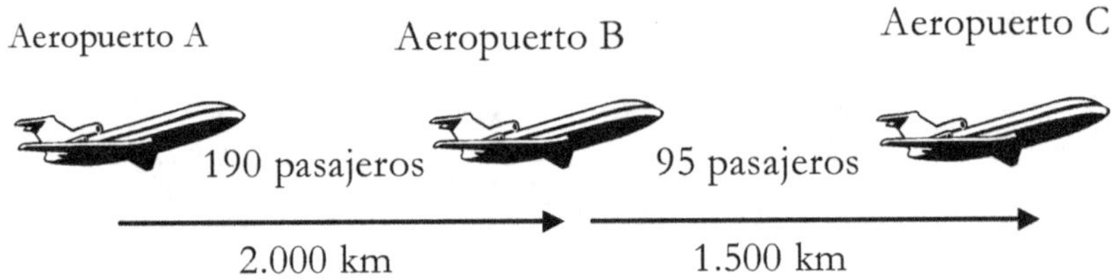

Figura. 5.12. Modelo para el cálculo de la medida "PKT (pasajeros-kilómetros transportados)".

El resultado será el siguiente:

$$190 \times 2.000 + 95 \times 1.500 = 522.500 \text{ PKT.}$$

✈ Coeficiente de ocupación de pasaje *(Loft Factor)*

Se trata del índice de ocupación de la oferta y mide el número de pasajeros de pago transportados sobre el total de plazas ofrecidas, siendo el resultado de dividir los PKT/AKO. Si tomamos los ejemplos anteriores, el coeficiente de ocupación sería:

$$522.500 \text{ PKT} : 687.500 \text{ AKO} = 0,76.$$

Siendo entonces el coeficiente de ocupación del 76 %.

Por lo que respecta a la carga, teniendo en cuenta este concepto, la agrupación de la mercancía y el correo, el cálculo de estos parámetros se complica de forma muy significativa, puesto que en la carga no existen asientos y en la mercancía y el correo hay dos factores de gran importancia: el peso y el volumen.

✈ Toneladas-kilómetros ofrecidas (TKO)

Es una unidad de medida similar a los AKO pero referida a la capacidad en toneladas en un tramo para el transporte de pasajeros, equipaje y carga. Se obtiene de multiplicar las toneladas de capacidad de un avión en un tramo por la distancia en kilómetros.

En el caso de la carga se habla de "TKO de carga", y es una unidad de producción que suelen utilizar las compañías dedicadas a la carga para obtener una medida comparable del ingreso unitario de carga (ingresos de mercancía y correo por TKO), o del coste unitario (coste de explotación por TKO).

✈ Toneladas-kilómetros transportadas (TKT)

Se trata de las toneladas por kilómetros transportadas en el avión. Se puede referir exclusivamente a la carga o bien incluir la totalidad de toneladas transportadas (pasaje, equipaje, mercancía y correo). Cuando se trata solamente de la carga (mercancía y correo), se conoce internacionalmente como FTK.

✈ Coeficiente de ocupación total o de carga

Como en el caso de los pasajeros, es el resultado de dividir los TKT por los TKO y, cuando se trata de carga exclusivamente, sólo se deben considerar las toneladas-kilómetros transportadas y las toneladas-kilómetros disponibles para el transporte de carga.

Los cálculos se complican al existir en la carga los factores de peso y volumen, tanto para los TKO como para los TKT. La capacidad del avión está limitada en cuanto a peso, a las condiciones operativas del vuelo, al número de pasajeros y al peso de su equipaje; en tanto que en el caso del volumen está limitado por la capacidad en volumen de las bodegas del avión y la ocupación del equipaje de los pasajeros. Por esta razón, las compañías ya tienen establecidos parámetros por vuelos y tipos de aviones que facilitan estos cálculos.

✈ Yield

Es una medida económica, muy utilizada en la industria, que permite conocer el ingreso medio por cada tonelada-kilómetro transportada. Se obtiene dividiendo los ingresos por transporte de carga por los TKT de carga. Se puede obtener por el global de la compañía, vuelos, tramos, etc.

Por lo general, el 50 % de los TKT a escala mundial viaja en las bodegas de aeronaves que transportan pasajeros (mixtas), mientras que un 25 % se transporta en aeronaves cargueras operadas por compañías mixtas y el restante 25 % corresponde a los integradores y compañías cargueras puras.

Las razones fundamentales de que la carga aérea se transporte en un 50 % en aviones de pasajeros se debe a la regularidad, frecuencias y capacidad de las bodegas de los aviones actuales, especialmente los de largo recorrido.

Las limitaciones de las operaciones de las aeronaves mixtas en horario nocturno, ante la carencia de demanda en los tráficos de pasajeros, actúan a favor de las compañías integradoras; no obstante, el problema del ruido de las aeronaves se ha convertido en una dificultad creciente para la carga y muy especialmente en las operaciones nocturnas.

Las compañías mixtas tratan de competir con las compañías integradoras mediante un catálogo de productos y servicios competitivos, que realizan a través de recursos propios o mediante la creación de empresas especializadas participadas.

Las alianzas con transitarios para ofrecer servicios logísticos integrados y las políticas de alianzas dentro del sector son otros medios para competir con los integradores, si bien, por el momento, el peso que se da a la carga aérea en las citadas alianzas es escaso. Ello fundamentalmente debido a las dificultades prácticas para concretar acciones y a la gran diversidad en las operaciones de carga, con procesos muy personalizados, así como por los diferentes servicios comerciales ofrecidos.

4.3. Integradores

Las compañías *express* integradoras tuvieron su origen en EEUU en los años setenta del pasado siglo, después de la desregulación del transporte aéreo, lo que permitió un veloz crecimiento de este sector.

Su denominación de "integradores", procede del concepto de "gestión integral de la cadena de transporte", que en estas empresas comprende a la totalidad de la misma, puesto que su servicio fundamental es el puerta a puerta.

El servicio *express* tiene tres características fundamentales:

- Transporte puerta a puerta.

- Definición de plazos.

- Control de los envíos.

Aparte de que disponen de otros tipos de servicio, como el de aeropuerto-aeropuerto, el negocio básico es el de la mercancía express en la versión de servicio puerta a puerta, que comprende la recogida en el domicilio de exportador, el acarreo, el transporte aéreo y la distribución, así como todos los trámites administrativos necesarios, como el de despacho aduanero.

Actualmente, en el ámbito internacional, existen importantes empresas integradoras con una amplísima red logística que les permite enviar un documento o paquete prácticamente a cualquier parte del mundo.

Figura. 5.13. Instalaciones de empresas "integradoras" en el Centro de Carga Aérea Madrid-Barajas.

5. Agentes generales de ventas (GSA)

El agente general de ventas (GSA o *general sales agent)*, es la persona física o jurídica en la que ha sido delegada la representación de una compañía aérea para un ámbito geográfico determinado.

Esta figura está regulada por la IATA mediante una resolución, si bien existe plena libertad entre las partes a la hora de fijar las funciones y servicios que debe proveer el GSA.

Los servicios más solicitados por sus clientes son:

— Reservas y actividades de promoción del tráfico de carga de la línea aérea.

— Distribución de los horarios, tarifas y material promocional de la compañía.

— Supervisión de la actividad de los agentes de carga en el territorio fijado.

— Supervisión del handling, coordinando con el "agente handling" la preparación del vuelo de acuerdo con las reservas, resolución de incidencias, etc.

El nacimiento de los GSA proviene de la necesidad de representación de las compañías *off-line* (compañías aéreas que no vuelan a un destino determinado pero que tienen interés comercial en él), las cuales hallan en el GSA un modo de evitar los costes de instalación de una oficina comercial, transformando los costes fijos en variables.

6. Servicios de asistencia en tierra (handling)

Las compañías aéreas para el despacho o recepción de un vuelo necesitan de una serie de servicios. Éstos pueden ser realizados con medios propios (autohandling) o bien contratando todos o parte de ellos a otra compañía aérea o a una empresa especializada denominada "agente handling". Para la prestación de sus servicios de asistencia en tierra a terceros, denominados handling, esta empresa estará autorizada por el aeropuerto y por las autoridades de aviación civil correspondientes.

ASISTENCIA A LA CARGA Y AL CORREO	
Handling de rampa	**Handling de mercancía y correo**
→ Proporcionar y manejar equipo para el transporte de carga	→ Proporcionar instalaciones
→ Cargar y descargar la mercancía y el correo	→ Recibir los documentos y la carga y comprobarlos según condiciones acordadas
→ Manejar los sistemas de carga dentro del avión	→ Clasificar la mercancía y almacenarla
→ Redistribuir la carga según las instrucciones	→ Ponerla a disposición de la Aduana, y Servicios de Inspección en Frontera
→ Proteger la carga durante el transporte en el aeropuerto	→ Preparar la mercancía para su embarque en el avión
→ Proporcionar espacio para el almacenamiento de paletas y contenedores	→ Preparar la documentación de salida
	→ Preparar la mercancía de transferencia
	→ Comprobar la mercancía de llegada y los documentos
	→ Preparar la mercancía y la documentación para su entrega al importador

Tabla 5.4. Principales actividades del handling de rampa
y del terminal de carga en el handling de mercancía y correo.

Por lo que respecta a los servicios de asistencia en tierra para la mercancía y el correo, hay que distinguir entre los servicios de asistencia en el terminal de carga y los de handling de rampa. Sobre estos últimos, véase el resumen esquemático de la tabla 5.4.

La prestación del servicio de handling a una compañía aérea se realiza mediante la firma de un contrato, en el cual se especifican los detalles de los servicios que se deben prestar, las tarifas de los servicios ordinarios y extraordinarios, los parámetros del servicio y la duración del contrato.

A través del Ground Handling Commitee, la IATA ha dictado recomendaciones sobre los acuerdos o contratos que las compañías miembros pueden adaptar a cada situación que precisen. En el *Airport Handling Manual* de la IATA se establece el contrato estándar de handling, que consta de tres documentos:

Figura 5.14. Operaciones de carga y descarga del avión (handling de rampa).

Contrato de asistencia en tierra (handling)

Contrato principal	**Anexo "A"**	**Anexo "B"**
Constituido por once artículos	Descripción de todos los servicios distribuidos en trece secciones	Se detallan los lugares, servicios, instalaciones contratadas y tarifas

Tabla 5.5. Documentos relativos al contrato de handling.

La Sección 6 del Anexo A es la que hace referencia a los servicios de handling de rampa y la Sección 5 a la asistencia a la mercancía y el correo.

Los servicios de los agentes de handling tienen gran importancia, puesto que la calidad en la prestación de los mismos es un elemento estratégico de las compañías para la puntualidad y el servicio de atención a los clientes.

Las compañías aéreas que disponían de un servicio de handling a terceros han experimentado en los últimos años un proceso de cambio, segregando la actividad de handling de la actividad propia del transporte aéreo o bien, creando unidades de negocio diferenciadas del resto de la actividad de la compañía. Otra tendencia ha sido la entrada en los servicios handling, según han ido avanzando los procesos liberalizadores de empresas cuya actividad principal se centra en la prestación de estos servicios, sin que ello comporte relación alguna con el transporte aéreo.

En definitiva, el handling es la prestación de servicios aeroportuarios para el despacho de los pasajeros, aviones, mercancía y correo de las compañías aéreas, mediante algún sistema de subcontratación. Los agentes handling siempre actúan en representación de la compañía a la que prestan sus servicios pero, ante el cliente, la propia compañía es la responsable de tales servicios.

Capítulo 6
Regulación y contrato de transporte

1. Regulación del transporte

1.1. Convenio de Varsovia

El Convenio de Varsovia de 12 de octubre de 1929, que entró en vigor el 13 de febrero de 1933, significó un importante hito en el carácter unificador de la legislación internacional sobre el transporte aéreo, además de la vigencia que ha alcanzado hasta la fecha en el ámbito internacional.

El 28 de septiembre de 1955 se firmó el Protocolo de La Haya, el cual supuso unas modificaciones al Convenio de Varsovia, con lo que de forma habitual el Convenio se comenzó a denominar "Convenio de Varsovia y Protocolo de La Haya".

El Protocolo de La Haya encontró su primera dificultad al oponerse a él EEUU, llegando incluso a denunciar en 1965 el Convenio de Varsovia, aunque posteriormente retiró dicha denuncia al firmarse el Acuerdo de Montreal el 4 de mayo de 1966.

Posteriormente, el Convenio de Varsovia fue objeto de otras modificaciones con la firma de varios protocolos.

1.2. Convenio de Montreal

En 1996, a instancias de la OACI, se constituyó un grupo de trabajo al objeto de elaborar un texto que actualizara y modernizara el sistema de responsabilidades establecido para el transporte aéreo internacional en el Convenio de Varsovia.

El 28 de mayo de 1999, en la OACI, una conferencia diplomática reunida en Montreal aprobó el "Convenio para la Unificación de Ciertas Reglas relativas al Transporte Aéreo Internacional" (Convenio de Montreal). A dicha conferencia asistieron 500 participantes representando a 121 Estados miembros de la OACI, un Estado no miembro y 11 organizaciones internacionales. Las deliberaciones duraron tres semanas y se aprobó el texto cuya finalidad es la progresiva sustitución de los instrumentos legales que conforman el denominado "Sistema Varsovia".

La Unión Europea participó en la conferencia diplomática internacional de derecho aeronáutico en la que se aprobó el Convenio y firmó dicho documento el 9 de diciembre de 1999.

El Consejo de la Unión Europea, de fecha 5 de abril de 2001 (2001/539/CE) aprobó dicho Convenio y fue publicado en el Diario Oficial de las Comunidades Europeas el 18 de julio de 2001.

1.3. Ley de Navegación Aérea Española

La Ley 48/1960, de 21 de julio, publicada en el Boletín Oficial del Estado (BOE) 176 del 23 de julio 1960, establece las normas que regulan la navegación aérea nacional.

El 2 de mayo de 2001 entró en vigor el Real Decreto 37/2001, del 19 de enero (BOE 29, del 2 de febrero de 2001), por el que se actualiza la cuantía de las indemnizaciones por daños previstas en la Ley 48/1960 de Navegación Aérea.

En dicho Real Decreto se hace referencia a la necesidad de actualizar las cuantías de las indemnizaciones para aproximar los límites de las cuantías recogidas en los ámbitos europeo e internacional y las establecidas en el ámbito interno español, dado que España también firmó el Convenio de Montreal el 14 de enero de 2000.

En el mismo Real Decreto también se indica que, con el fin de garantizar la equivalencia de los nuevos importes de las indemnizaciones que se establecen con los fijados en las normas internacionales, se opta por expresar su valor en "derechos especiales de giro", según la definición del Fondo Monetario Internacional (FMI).

1.4. Qué es el "derecho especial de giro"

En la década de los sesenta del pasado siglo, el sistema de tipo de cambio fijo se vio sujeto a presiones al no contar con un mecanismo que permitiera regular el aumento de las reservas para financiar la expansión del comercio mundial y el desarrollo financiero. El oro y el dólar eran los principales activos de reserva pero, por un lado, la producción de oro había dejado de ser una fuente adecuada y fiable de suministro de reservas y, por otro, el continuo crecimiento de las reservas en dólares de EEUU hacía necesario un déficit persistente de la balanza de pagos de este país, lo que de por sí amenazaba el propio valor del dólar. Por estas razones, se decidió crear un nuevo "activo de reserva internacional" bajo los auspicios del FMI.

Inicialmente, el "derecho especial de giro" (DEG) se definió como un valor equivalente a 0,888671 g de oro fino, puesto que éste era el valor del dólar en el marco del sistema anterior. Como consecuencia, el dólar era equivalente al DEG pero, al derrumbarse el anterior sistema en el año 1973, perdió fuerza el fundamento del cálculo del DEG en términos de oro y en 1974 la valoración de éste se redefinió sobre la base de una "cesta de monedas" que actualmente está integrada por el euro, el yen, la libra esterlina y el dólar.

El DEG no es una moneda, su valor se publica diariamente en internet, y puede consultarse en el FMI (www.imf.org) y en los bancos nacionales de cada país.

1.5. Derechos y responsabilidades

Si bien en este apartado no se trata de realizar un exhaustivo análisis de toda la legislación del transporte aéreo, por su importancia se indican determinados aspectos del transporte de carga según el "Convenio para la Unificación de Ciertas Reglas relativas al Transporte Aéreo Internacional" (Convenio de Montreal):

— En el transporte de envíos postales el transportista será responsable únicamente frente a la administración postal correspondiente, de conformidad con las normas aplicables a las relaciones entre los transportistas y las administraciones postales.

— Al expedidor podrá exigírsele, si es necesario, la entrega de un documento que indique la naturaleza de la carga, sin crear para el transportista ningún deber, obligación, ni responsabilidad.

— El expedidor es responsable de la exactitud de las indicaciones y declaraciones concernientes a la carga inscritas por él o en su nombre en la carta de porte aéreo.

— El expedidor tiene derecho, a condición de cumplir con todas las obligaciones resultantes del contrato de transporte, a disponer de la carga retirándola del aeropuerto de salida o de destino, o deteniéndola en el curso del viaje en caso de aterrizaje, o haciéndola entregar en el lugar de destino o en el curso del viaje a una persona distinta del destinatario originalmente designado, o pidiendo que sea devuelta al aeropuerto de partida.

— El derecho del expedidor cesa en el momento en que comienza el del destinatario. Sin embargo, si el destinatario rehúsa aceptar la carga o si no es hallado, el expedidor recobrará su derecho de disposición.

— Salvo que el expedidor haya ejercido el derecho anterior, el destinatario tendrá derecho, desde la llegada de la carga al lugar de destino, a pedir al transportista que le entregue la carga a cambio del pago del importe que corresponda y del cumplimiento de las condiciones de transporte.

2. La carta de porte aéreo

Todo transporte aéreo de mercancía debe realizarse bajo un contrato denominado "carta de porte aéreo" o "conocimiento aéreo" *(air waybill, AWB)*. Dicho documento puede ser emitido por la propia compañía transportista o por sus agentes de carga autorizados. A este contrato se le denominó "talón de transporte" en la Ley de Navegación Aérea Española de 1960.

En el Convenio de Montreal se indica, en su artículo 4, que cualquier otro medio en que quede constancia del transporte que deba efectuarse podrá sustituir a la expedición de la carta de porte aéreo.

La validez del contrato de transporte comienza cuando se formaliza el conocimiento aéreo o el documento que le sustituya. La validez del mismo expira cuando se entrega la expedición al destinatario que figura en el mismo.

Solamente puede emplearse el conocimiento aéreo para el transporte de expediciones individuales o consolidadas, en este caso también denominada *master* (MAWB), pero nunca para las expediciones individuales de un consolidado, puesto que el consolidador debe utilizar sus propios documentos particulares, denominados *house* (HAWB).

Los fines del conocimiento aéreo son:

— Evidencia documental del contrato de transporte.

— Prueba del recibo de las mercancías para su envío.

— Factura del flete.

— Certificación del seguro (en caso de ser requerido por el expedidor).

— Conocimiento de embarque (guía para el/los transportistas para manejar, despachar y entregar la mercancía).

El documento consta de tres originales y varias copias:

— *Original 1*. Para el transportista emisor con fines contables y para que sirva como evidencia documental del contrato.

— *Original 2*. Para el destinatario y acompañará a la mercancía hasta su destino final

— *Original 3*. Para el expedidor como prueba de la entrega de las mercancías para su expedición y prueba documental de la firma del contrato.

Todos los originales y copias del conocimiento aéreo llevan en la parte superior e inferior un número compuesto de tres dígitos correspondientes al código IATA de la compañía aérea, seguido por un número de serie de ocho dígitos que incluye uno de control colocado al final, a la derecha, del número de serie. El dígito de control se determina utilizando el sistema ilimitado de módulo siete, es decir, que se dividen los siete primeros dígitos (sin contar los del código de la compañía) por siete y se obtiene el dígito de control del resto de la división.

El conocimiento aéreo es un documento *no negociable*, es decir, que no se puede ceder ni negociar.

El expedidor es responsable de la veracidad del contenido y de los detalles relativos a las mercancías incluidos por él o en su nombre. Asimismo, es responsable de los daños sufridos por el transportista o cualquier otra persona, por causa de irregularidad, incorrección u omisión, independientemente de que el conocimiento aéreo haya sido confeccionado por el mismo expedidor, por el transportista, en su nombre, o por su agente autorizado.

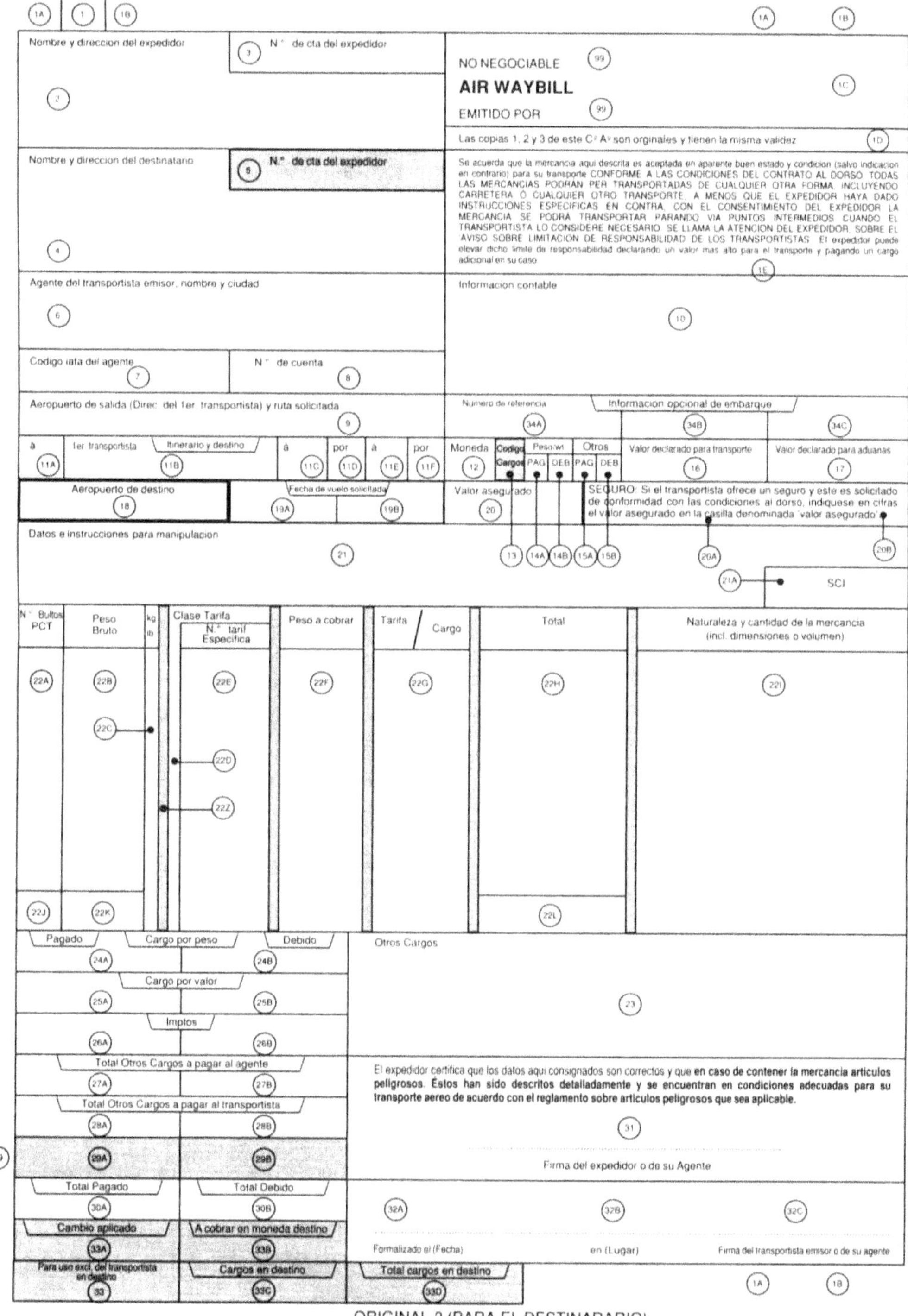

Figura 6.1. Modelo de "carta de porte aéreo" o "conocimiento aéreo".

En los siguientes apartados se realiza una descripción detallada de los datos que hay que cumplimentar en cada una de las casillas del impreso oficial de conocimiento aéreo, cuyo modelo habitual puede verse en la figura 6.1.

2.1. Impreso de conocimiento aéreo, 1.ª parte

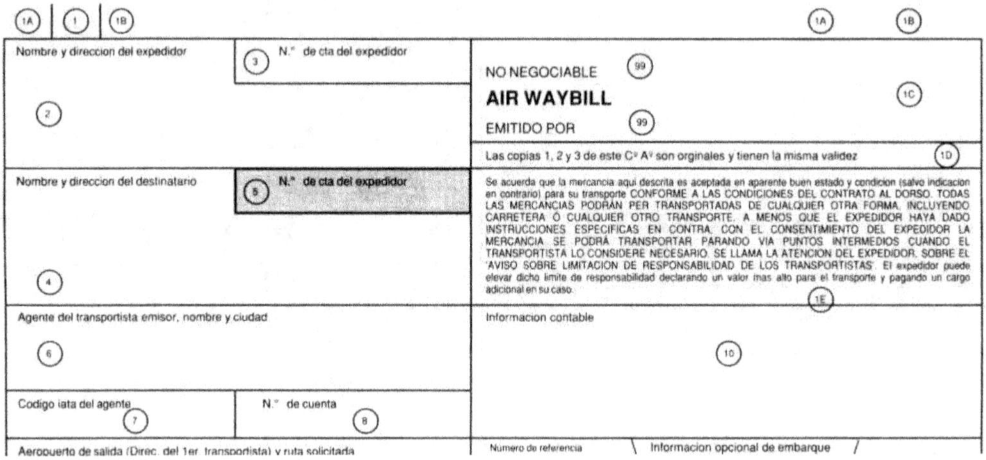

Figura 6.2. Casillas 1 a 10 de la "carta de porte aéreo" o "conocimiento aéreo".

Casilla 1
Figurará el código IATA de 3 letras del aeropuerto de salida o, en su defecto, de la ciudad y deberá corresponder con el indicado en la casilla 9.

Casillas 1A y 1B
Se indicará el número de conocimiento aéreo que figurará en las esquinas superiores y en la inferior derecha. El número consta de los 3 dígitos IATA de la compañía aérea y de 8 dígitos numéricos, siendo el octavo el de control, el que se obtiene utilizando el sistema ilimitado de módulo siete, que divide los siete primeros dígitos del número de serie por siete y usa el que resulta como verificación, siendo éste el octavo dígito.

Casilla 1C
Se anotará el nombre y la dirección del transportista emisor.

Casilla 1D
Sin anotaciones.

Casilla 1E
Se usará para hacer observaciones del contrato para cumplir con las normas de cada Estado.

Casilla 2
Nombre y dirección del expedidor.

Casilla 3
Número de cuenta del expedidor.

Casilla 4
Nombre y dirección del destinatario.

Casilla 5
Número de cuenta del destinatario.

Casilla 6
Agente del transportista emisor.

Casilla 7
Código IATA del agente. En las áreas sin sistema CASS se anotará el código de siete dígitos. En las áreas con sistema CASS el código de once dígitos.

Casilla 8
Número de cuenta. Reservada para uso opcional del transportista emisor.

Casilla 9
Aeropuerto de salida y ruta solicitada.

Casilla 10
Información contable. Sistema de pago: efectivo, cheque, etc.

2.2. Impreso de conocimiento aéreo, 2.ª parte

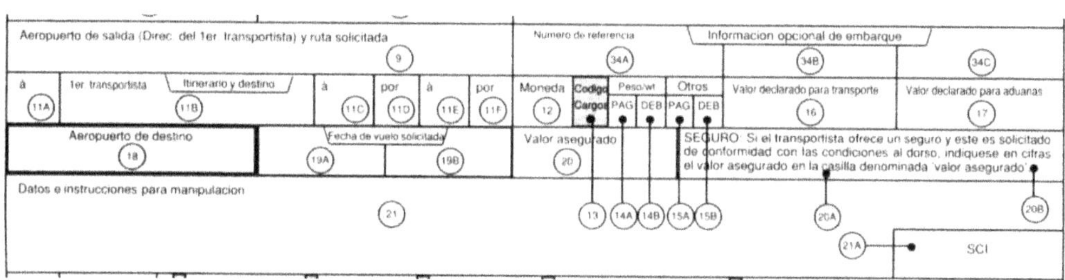

Figura 6.3. Casillas 11A a 21A de la "carta de porte aéreo" o "conocimiento aéreo".

Casilla 11A
Código del aeropuerto de destino o del primer punto de transferencia.

Casilla 11B
Nombre del primer transportista.

Casilla 11C
Código IATA del aeropuerto de destino o del segundo punto de transferencia.

Casilla 11D
Código IATA del segundo transportista.

Casilla 11E
Código IATA del aeropuerto de destino o del tercer punto de transferencia.

Casilla 11F
Código IATA del tercer transportista.

Casilla 12
Código IATA de la moneda.

Casilla 13
Código de cargos de uso exclusivo del transportista:

- CC. Todos los cargos a porte debidos.

- CG. Todos los cargos a cobrar por medio del GBL.

- NC. Servicio sin cargos.

- PG. Todos los cargos pagados en origen por GBL.

- PP. Todos los cargos pagados en origen al contado.

(GBL: Documento de las autoridades de EEUU de cada ciudad de origen.)

Casillas 14A y 14B
Cargo por peso y por valor. Figurará una X en donde corresponda.

Casillas 15A y 15B
Figurará una X en función de si otros cargos son pagados o a portes debidos.

Casilla 16
Valor de la mercancía declarado para el transporte. Si no se declara valor figurará "NVD".

Casilla 17
Valor declarado para la aduana. Si no se declara valor figurará "NCV".

Casilla 18
Nombre del aeropuerto de destino.

Casillas 19A y 19B
Vuelo y fecha. Son de uso exclusivo del transportista.

Casilla 20
Importe del seguro efectuado con la compañía transportista. Si no se ha contratado un seguro o el transportista no dispone de este servicio se anotará "XXX".

Casilla 21
Información requerida por los transportistas.

Casilla 21A
Código de la consideración aduanera de la mercancía.

2.3. Impreso de conocimiento aéreo, 3.ª parte

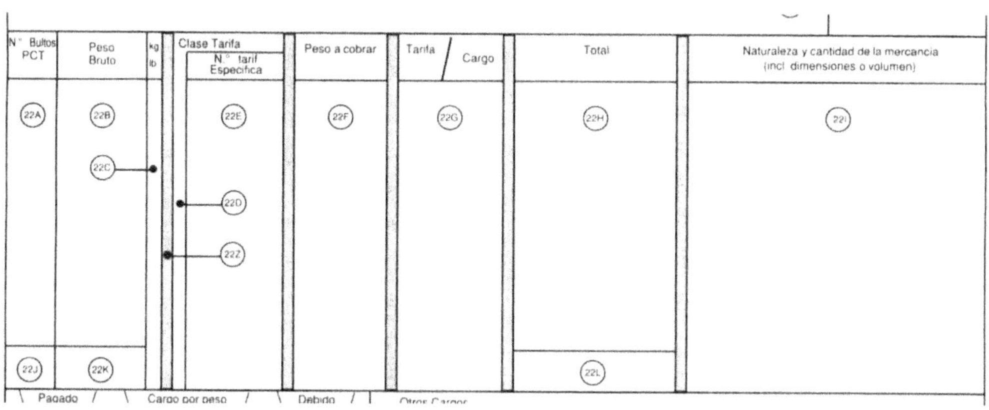

Figura 6.4. Casillas 22A a 22L de la "carta de porte aéreo" o "conocimiento aéreo".

Casilla 22A
Número de bultos.

Casilla 22B
Peso bruto.

Casilla 22C
Unidad de peso, kg/Lb.

Casilla 22Z
Código de servicio (véase anexo).

Casilla 22D
Código clase de tarifa (véase anexo).

Casilla 22E
Número de tarifa específica.

Casilla 22F
Peso que se debe cobrar.

Casilla 22G
Se anotará la tarifa o cargo aplicable.

Casilla 22H
Cargo total por aplicación de tarifa.

Casilla 22I
Descripción de la naturaleza de la mercancía.

Casilla 22J
Número total de paquetes.

Casilla 22K
Peso bruto total.

Casilla 22L
Total si hay más de una entrada numérica.

2.4. Impreso de conocimiento aéreo, 4.ª parte

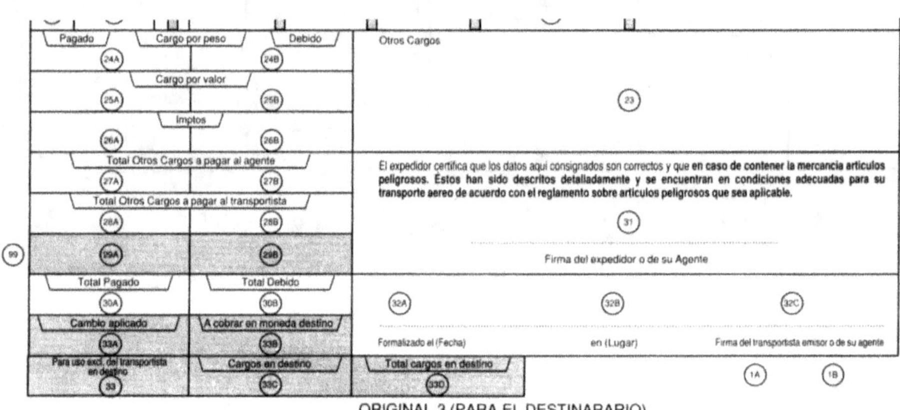

Figura 6.5. Casillas 23 a 32C de la "carta de porte aéreo" o "conocimiento aéreo".

Casilla 23
Se anotarán otros cargos con su código correspondiente (véase anexo).

Casilla 24A - 24B
Se anotará el cargo por peso/volumen y se corresponderá con lo indicado en las casillas 22H y 22L.

Casillas 25A - 25B
Cargos por valor en caso de aplicarse lo que corresponda pagar por este concepto, aplicando la norma sobre el valor de la casilla 16.

Casillas 26A - 26B
Impuestos referido a cargos por peso/volumen y por valor establecidos por un gobierno u organismo oficial.

Casilla 27A
Sin uso.

Casilla 27B
Debitado al agente. Se corresponderá con los desembolsos totales debidos al agente especificados en la casilla 23.

Casilla 28A
Se debe pagar pagar al transportista. Total de otros cargos a porte pagado debidos al transportista de la casilla 23.

Casilla 28B

Debido al transportista. Desembolsos totales debidos al transportista que figuran en la casilla 23.

Casillas 30A - 30B

Total a porte pagado y a porte debido.

Casilla 31

Firma del expedidor o de su agente.

Casillas 32A - 32C

Fecha, lugar de cumplimentación y firma del transportista emisor o de su agente.

En el reverso del impreso del conocimiento aéreo se indican las condiciones del contrato, las cuales están redactadas ateniéndose a las reglamentaciones internacionales y las condiciones para el transporte de la compañía aérea.

3. Etiquetas de identificación

Toda mercancía ha de estar identificada mediante las etiquetas correspondientes. La etiqueta general que debe identificar en todo momento a los distintos bultos de una expedición debe seguir las recomendaciones de IATA, respondiendo a las características recogidas en la figura 6.6.

AIRLINE NAME/INSIGNIA ①Ⓐ ①Ⓑ *(Optional)*	
AIR WAYBILL NO. ②	
DESTINATION ③	TOTAL NO PCS ④
TRANSFER POINTS *(Optional)* ⑤	WT THIS PC *(Optional)* ⑥
TOTAL WT THIS SHPT *(Optional)* ⑦	HWB NO *(Optional)* ⑧
HANDLING INFORMATION *(Optional)* ⑨	
BAR CODED INFORMATION *(Optional)* ⑩	

Figura 6.6. Modelo normalizado de etiqueta de identificación.

Las etiquetas pueden estar ya impresas con el número de la expedición, el cual tiene que corresponder con el número del conocimiento aéreo, o bien ser neutrales, esto es sin numeración, en cuyo caso el número de expedición se indicará cuando se emita el conocimiento aéreo.

Las nuevas tecnologías permiten emitir las etiquetas en número igual al de los bultos que componen la expedición y, además, utilizar el código de barras correspondiente mediante las impresoras conectadas a los ordenadores desde los cuales se emiten los conocimientos aéreos.

La forma de cumplimentar el modelo normalizado de etiqueta es la siguiente:

Casilla 1A
Se anota el nombre de la compañía aérea a la que corresponde el conocimiento aéreo.

Casilla 1B
Es opcional para ubicar el logotipo de la compañía.

Casilla 2
Se anota el código de la línea aérea (prefijo) y el número de serie de la expedición.

Casilla 3
Código IATA de tres dígitos alfabéticos del aeropuerto de destino.

Casilla 4
Se anotará el número total de bultos de que está compuesta la expedición.

Casilla 5
Es opcional y se indicará el aeropuerto de transferencias de la expedición.

Casilla 6
Es opcional, para anotar el peso específico del paquete.

Casilla 7
Es opcional, para anotar el peso total de la expedición.

Casilla 8
Si se trata de un consolidado, deberá anotarse el número del envío individual (HAWB).

Casilla 9
Para anotaciones sobre manejos especiales de la mercancía.

Casilla 10
Para imprimir el código de barras con el número del conocimiento aéreo e información general que se desee incluir.

4. Reservas

Cuando se desea realizar el transporte de una mercancía, se deberán tener en cuenta diversos factores para que no surjan incidencias o que éstas sean las menos posibles. Por este motivo, las reservas de espacio en bodega tienen por objeto el conocimiento por parte de la compañía aérea de la carga disponible para un vuelo y, por otra parte, asegurar al cliente el transporte de la misma en la fecha por él reservada.

Al objeto de reducir el número de operaciones y en virtud de estudios previos, las compañías establecen los vuelos, las limitaciones en cuanto al peso y la naturaleza de las mercancías que requieren una reserva previa a la aceptación en su terminal de carga o en el de su agente handling.

Todas las mercancías de trato diferenciado por ser especiales requieren la reserva de espacio previa a su aceptación y embarque; ello, como ya se ha mencionado, ante la necesidad de asegurarse la disponibilidad de espacio en el vuelo y por razones de incompatibilidad en algunas ocasiones entre las distintas mercancías que se deben embarcar.

Como norma general, excepto para las mercancías contempladas en el párrafo anterior, en los tráficos interiores suelen aceptarse los envíos sin reserva, al igual que en los vuelos internacionales, cuando la expedición no sobrepasa un número de kilos establecido por las normas de la compañía aérea (paquetería).

En el transporte sucesivo, es decir, en el que intervienen varios transportistas para situar el envío en destino, se requiere la conformidad de la reserva de todas las compañías intervinientes en los distintos tramos del transporte.

Las reservas se pueden realizar a través de un agente de carga o transitario, o bien directamente con la compañía aérea. Actualmente, la gran mayoría de compañías disponen de sistemas informatizados de reservas, tanto para el control y seguimiento de la propia compañía, como para la petición y confirmación de los clientes.

En el transporte de carga, al efectuar una reserva son sumamente importantes dos datos: el peso y el volumen de la expedición. La incorrección de estos datos puede ocasionar problemas en la preparación del vuelo e incidencias en el transporte.

Capítulo 7
La mercancía y el transporte

1. Modos de transporte

En el ámbito de los intercambios comerciales existen distintos modos de transporte que permiten situar el producto objeto de compraventa en su destino final.

Como se observa en la tabla 7.1, cada uno de los modos de transporte utiliza un medio diferente, un vehículo, para realizar su función.

El mercado del transporte puede segmentarse tomando como base distintos referentes: naturaleza de la mercancía, tamaño de la expedición, valor de la mercancía, velocidad de transporte, etc.

Cada segmento de demanda utiliza preferentemente un tipo de servicio que es ofrecido por muy diferentes empresas operadoras de transporte. Entre estos segmentos a menudo se producen solapamientos, de mayor o menor incidencia, que tienen que ver con el nivel de servicio ofrecido por cada modo de transporte.

En la figura 7.1 se representan los diferentes tipos de transporte según una representación cartesiana con ejes siguientes: valor de la mercancía, tamaño de la expedición y velocidad de transporte.

El transporte aéreo tiene una cuota muy baja en términos de peso con respecto al total y muy alta en valores unitarios, sobrepasando en el caso de España los 40 €/kg de media.

A pesar de que puede estimarse baja la cuota de participación del modo aéreo en el total de mercancías transportadas, es muy considerable la cantidad de toneladas que diariamente se transportan en aeronaves en todo el mundo.

Aéreo	El transporte se realiza en una aeronave
Autopropulsión	El producto utiliza su propio sistema de propulsión: barco, avión, automóvil, etc.
Carretera	El transporte se realiza por carretera
Ferrocarril	El transporte se efectúa en tren
Instalaciones fijas	El medio de transporte es fijo: electricidad, gas, etc.
Marítimo	Transporte realizado en barco
Navegación interior	Transporte realizado en navegación fluvial
Postal	Transporte realizado a través de una organización postal

Tabla 7.1. Modos y medios de transporte utilizados.

Segmentos de demanda	OPERADORES			
	Carretera	**Marítimo**	**Ferroviario**	**Aéreo**
Carga completa	Transportistas de carretera	Navieras de línea regular o *tramp*	Operador intermodal	
	Transitarios (internacional)		Compañía ferroviaria	
Carga fraccionada. Grupaje	Transportistas de carretera	Navieras línea regular	Compañía ferroviaria	Agentes de carga
	Transitarios (internacional)	Transitarios (internacional)	Transitarios (internacional)	Transitarios (internacional)
				Compañías aéreas
Transporte urgente	Empresas transporte urgente			*Couriers*
				Integradores

Tabla 7.2. Segmentos de la demanda y tipología de los operadores de transporte.

1.1 Transporte intermodal

Para situar un producto en un punto determinado, en numerosas ocasiones es necesario utilizar diversos sistemas o modos de transporte. En ese caso se trata de un transporte intermodal.

Los distintos sistemas intermodales existentes son los siguientes:

Transporte sucesivo
Transporte de mercancías mediante la intervención de dos o más transportistas que realizan sus servicios en el mismo modo al amparo de un solo contrato de transporte con el cargador. Este tipo de transporte es muy frecuente en el modo aéreo.

Transporte combinado
Se trata de un transporte de mercancías realizado de forma sucesiva por varias empresas porteadoras utilizando varios modos de transporte, mediante un único contrato de transporte con el cargador. Por ejemplo, avión y camión.

Transporte multimodal
Se trata del transporte combinado en el que no se produce una ruptura de la unidad de carga. Por ejemplo, el transporte de contenedores utilizando diversos modos (barco y camión).

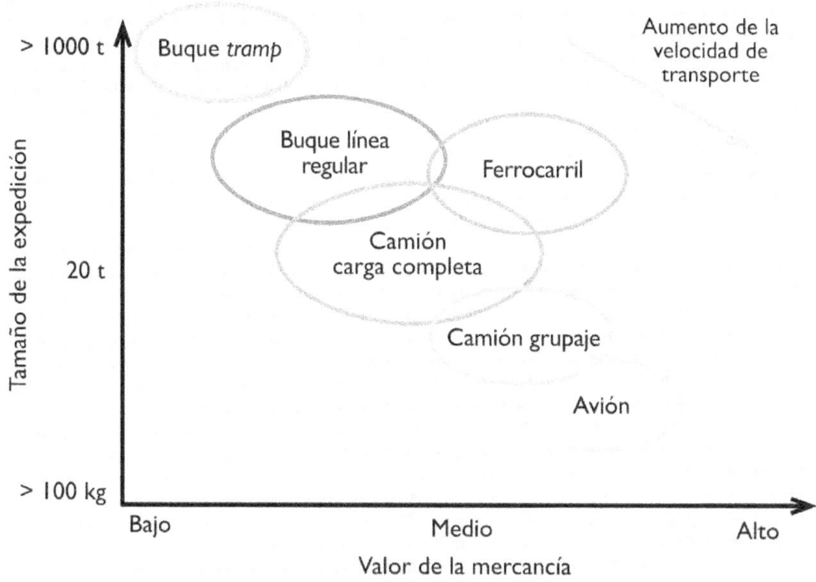

Figura 7.1. Posicionamiento de los modos de transporte según su velocidad, el tamaño de la expedición y el valor de la mercancía.

Transporte por superposición

En él se produce una auténtica superposición física de los medios de transporte y de contratos.

Los casos más frecuentes son los del camión sobre vagón ferroviario, denominado *ferroutage,* y el camión sobre el buque, conocido por *transroulage.*

2. La carga aérea

La industria de la carga aérea se está beneficiando de los efectos de la globalización y del desarrollo del comercio electrónico. El *e-business* basa gran parte de su negocio en los pedidos vía internet, lo cual requiere distintas opciones de encaminamiento y de distribución. Por otro lado, las empresas de comercio electrónico no sólo precisan sistemas de entrega rápidos, sino que también están optando por operadores logísticos para gestionar sus existencias y sistemas de distribución.

El modelo tradicional de la cadena y distribución entre el productor y el consumidor final ha ido variando en los últimos treinta años. Desde la introducción de sistemas de compra electrónica, los pasos intermedios entre ambos se han reducido considerablemente, aumentando con ello la importancia del papel de los operadores logísticos. Existe una tendencia a que las grandes expediciones de los productores a los centros de distribución se conviertan en pequeños envíos distribuidos directamente a los consumidores, sean éstos empresas o particulares.

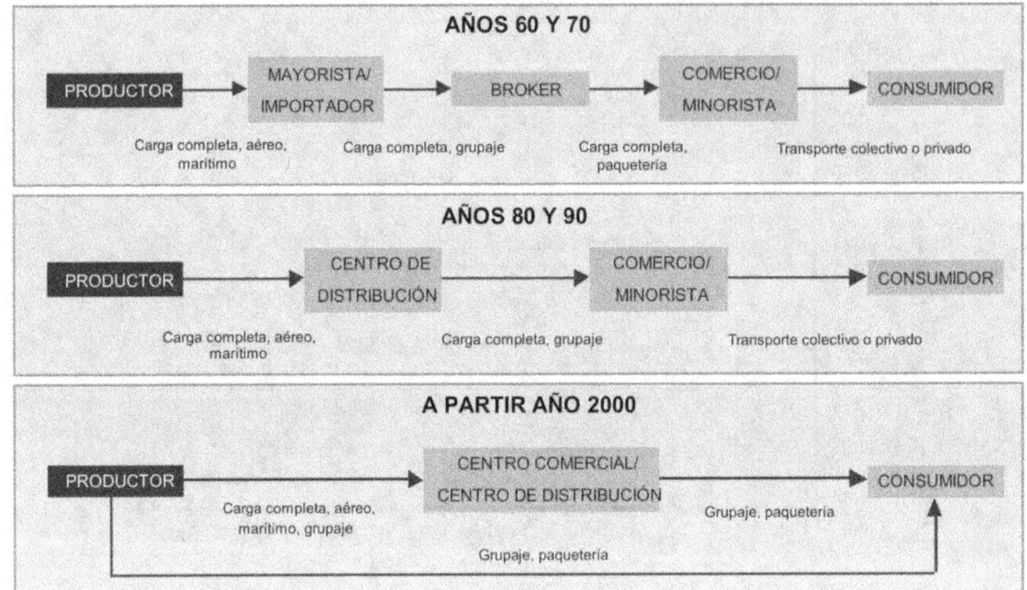

Fuente: *Air Cargo World*

Figura 7.2. Cambios en los modelos de distribución entre 1960 y 2000.

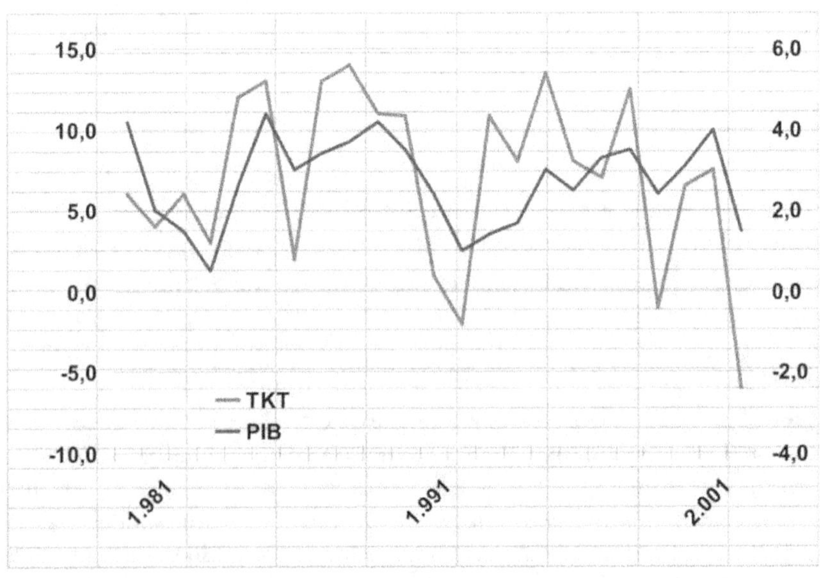

Figura 7.3. Evolución del PIB y TKT entre los años 1979 y 2001.

Además de esta circunstancia, el tráfico aéreo en toneladas/kilómetros transportadas (TKT) está estrechamente vinculado a los crecimientos del producto interior bruto (PIB), según se puede apreciar en la figura 7.4.

Por otra parte, existe un conjunto de tendencias que impulsan el crecimiento de la carga aérea. Según las estadísticas de la IATA, el volumen del transporte aéreo mundial, aun siendo reducido en comparación con el de otros modos de transporte, desde comienzos de los años ochenta posee unas elevadas tasas de crecimiento.

En la década de 1990 se manifestó un mayor incremento de la carga aérea, y esta tendencia se mantuvo en las décadas siguientes, alcanzando tasas de crecimiento superiores al 6 %.

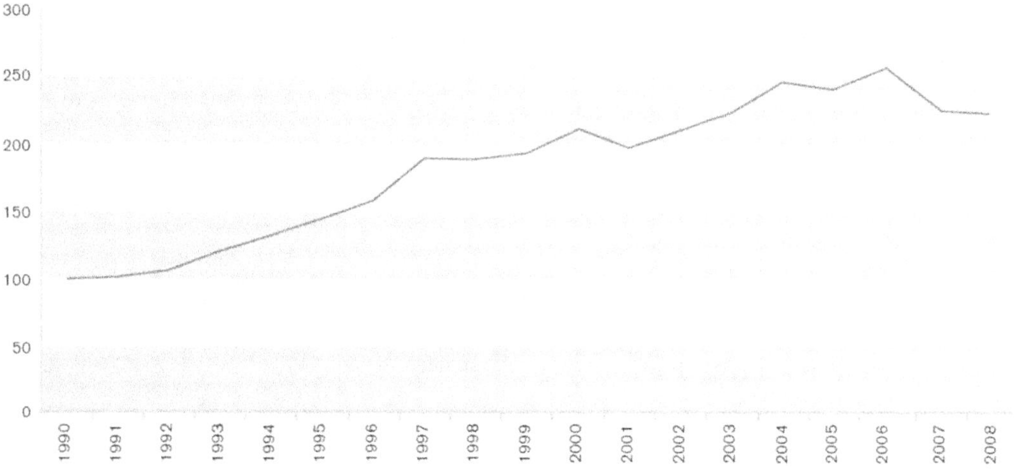

Figura 7.4. *Evolución del transporte aéreo mundial de carga, en el período 1990-2008 (índice, 1990=100).*
Fuente: Banco Mundial, base de datos de los Indicadores del Desarrollo Mundial (2011).

Según la Organización Mundial de Comercio (OMC) y la IATA, "el 35 % del comercio mundial de mercancías en valor se transporta por vía aérea, lo que supone unos ingresos para el sector de alrededor de 60.000 millones de dólares. Entre 1990 y 2008, el volumen del transporte aéreo mundial creció más del doble (véase la figura 7.4), pasando de 56.000 millones de toneladas-km a casi 125.000 millones de toneladas-km. Durante el mismo período, la proporción del transporte aéreo mundial de mercancías correspondiente a China se disparó del 1 al 9 %".

Entre los factores que influyen en el crecimiento del transporte aéreo destacan:

— La necesidad de mayor *rapidez* en el transporte, debido a los nuevos sistemas de comercialización y distribución.

— Los productos que se deben transportar poseen un mayor *valor unitario*.

— Se incrementan las *distancias* por factores de concentración del almacenaje y un mercado cada vez más *mundializado.*

— El incremento de las *tipologías* de productos que se introducen en el comercio mundial.

— El elevado consumo de productos perecederos.

2.1. Servicios de alimentación por superficie (RFS)

En la actualidad es muy frecuente la utilización de "servicios de alimentación por superficie" (RFS o *road feeder service)* por las compañías aéreas para resolver el espacio en bodegas y el *status "off-line".* El servicio de RFS sustituye el avión por el camión para atender a un mayor mercado, ofertar una mayor capacidad, transporte de piezas de gran volumen, etc.

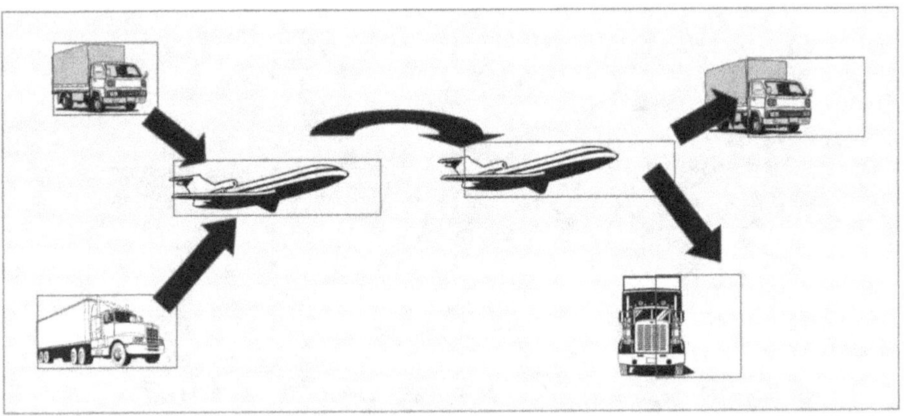

Figura 7.5. Proceso de los servicios de alimentación por superficie (RFS).

Para que un servicio se pueda considerar RFS (complementario del avión), la mercancía debe estar documentada como de tráfico aéreo (contrato de transporte aéreo y manifiesto de vuelo), y debe ser realizado por una compañía aérea, bien mediante medios propios o subcontratados.

El desarrollo de los servicios de alimentación por superficie viene determinado por estas circunstancias:

— La tendencia de las compañías aéreas a operar en distancias medias y cortas mediante aviones de menor capacidad de bodega para carga.

— El factor de captación de tráficos por parte de las compañías en puntos donde no operan.

Los servicios de RFS son de gran importancia en algunos países y regiones geográficas y su alcance y características se encuentran publicados en los manuales de servicios y horarios para la industria.

Habitualmente, el servicio RFS se realiza con camiones de gran capacidad y la mercancía puede ser estibada como carga a granel o paletizada.

3. Principales productos en el transporte aéreo de carga

Si exceptuamos los productos que para su transporte utilizan la autopropulsión, las instalaciones fijas y la navegación interior, así como los hidrocarburos, prácticamente, todo el resto de productos son susceptibles de ser transportados mediante el modo aéreo: desde animales vivos a cualquier tipo de producto de consumo o de la industria.

No obstante, existen productos que poseen mayor preponderancia en el modo aéreo que en el resto de modos de transporte.

Los sectores de actividad con mayor relevancia en el uso del transporte aéreo de carga son los que se indican en la tabla 7.3.

SECTOR	PRODUCTOS
Pesca	Pescado, crustáceos, moluscos, etc.
Vegetales	Plantas, legumbres y hortalizas, frutos, cereales, productos de la molinería, semillas, frutas, flores, etc.
Electrónica	Aparatos de audio y vídeo, ordenadores, aparatos de grabación, óptica, fotografía, médicos, telecomunicaciones, etc.
Textil	Prendas, complementos de vestir, tejidos, etc.
Editorial	Prensa, revistas, libros, catálogos, etc.
Automoción	Equipos y componentes de automoción, piezas de repuesto, ensamblaje, etc.
Farmacéutico y químico	Medicinas, vacunas, antibióticos
Calzado	Calzado en todas sus variantes y partes del mismo
Peletería	Pieles, manufacturas de cuero y peletería en general
Industrias alimentarias	Preparados, artículos de confitería, bebidas, etc.
Animales	Animales de compañía, reproducción, cría, etc.
Joyería	Perlas, piedras preciosas, metales, manufacturas, bisutería y monedas
Maquinaria	Máquinas, aparatos y sus componentes

Tabla 7.3. Sectores relevantes en el uso del transporte aéreo de carga.

3.1. Productos del mar

Los productos del mar se encuentran dentro de la clasificación de productos perecederos (véase apartado 4.4, en este mismo capítulo) y sus necesidades de importación responden a la demanda de consumo generada por los núcleos urbanos.

El valor unitario de los productos del mar se encuentra en relación directa con su calidad; la cual está a su vez está relacionada con las condiciones y el tiempo de transporte. Cada día toma mayor relevancia el transporte en modo aéreo de estos productos, debido a exigencias del mercado en cuanto a calidad, lejanía de los caladeros de pesca, etc.

La comercialización al por mayor de los productos del mar se realiza Principalmente a través de los "mercados centrales" de las grandes ciudades y de la venta directa al importador de las grandes cadenas de distribución.

Dependiendo del producto, la estacionalidad de la comercialización es muy variable, respondiendo en algunos de ellos a fechas muy concretas, como en el caso de los mariscos.

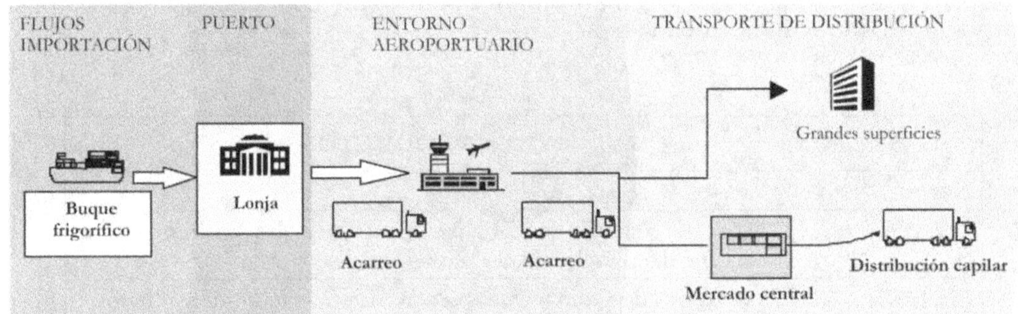

Figura 7.6. Flujo de importación de los productos del mar.

3.2. Electrónica, telecomunicaciones y aparatos

Los sectores de la electrónica y las telecomunicaciones tienen una gran relevancia en el transporte aéreo debido a:

— La tipología de los productos.

— Los procesos de producción.

— El mercado potencial y real.

Los productos poseen un elevado grado de obsolescencia tecnológica, lo que implica un modelo de producción justo a tiempo.

Otros aspectos destacados de estos sectores se hallan en:

— El factor del mantenimiento de la cartera de clientes, vital para la supervivencia de sus mercados.

— El grado de cumplimiento por parte del proveedor de la demanda real, bajo la amenaza de un alto grado de sustituibilidad.

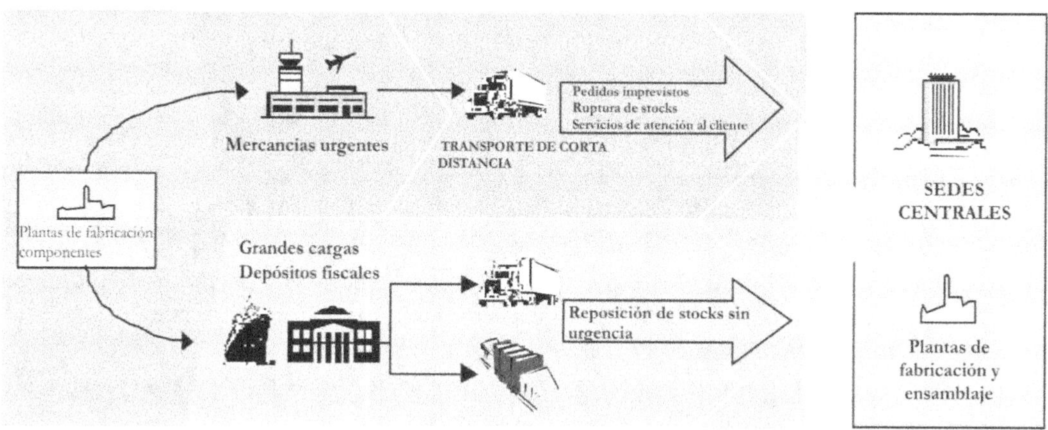

Figura 7.7. Flujo de importación de productos electrónicos y de telecomunicaciones.

3.3. Automoción

En el sector de la automoción hay dos consideraciones que se deben tener especialmente en cuenta:

— El suministro a las cadenas de producción.

— El mantenimiento de los repuestos.

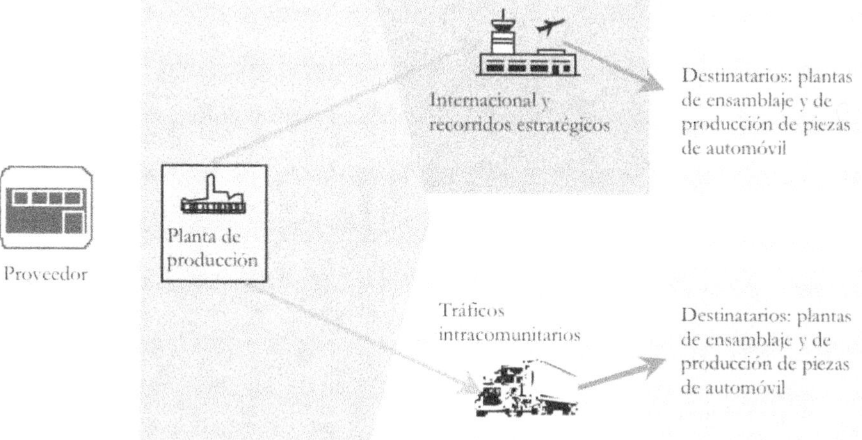

Figura 7.8. Flujo de importación del sector de la automoción.

El transporte aéreo desempeña una función esencial en esta industria, que está estrechamente ligada a la adopción de modelos de gestión justo a tiempo. Cualquier fallo en la cadena de suministro puede suponer la ruptura de la cadena de producción y la pérdida de mercado, con fuertes resultados negativos para la empresa.

El sector de la automoción genera un importante número de empleos directos, indirectos e inducidos y realiza un gran esfuerzo inversor y de renovación, lo que también se traduce en el mantenimiento de unos elevados niveles de compromiso con sus proveedores logísticos.

3.4. Industria editorial

El transporte aéreo tiene una considerable relevancia en la actividad de la industria editorial; de forma especial en lo que respecta a las revistas y la prensa, artículos que pueden considerarse como "productos perecederos", aunque no entren en una estricta clasificación de los mismos.

El mercado editorial está supeditado a la prontitud de su publicación y distribución, siendo éste un factor estratégico de competitividad.

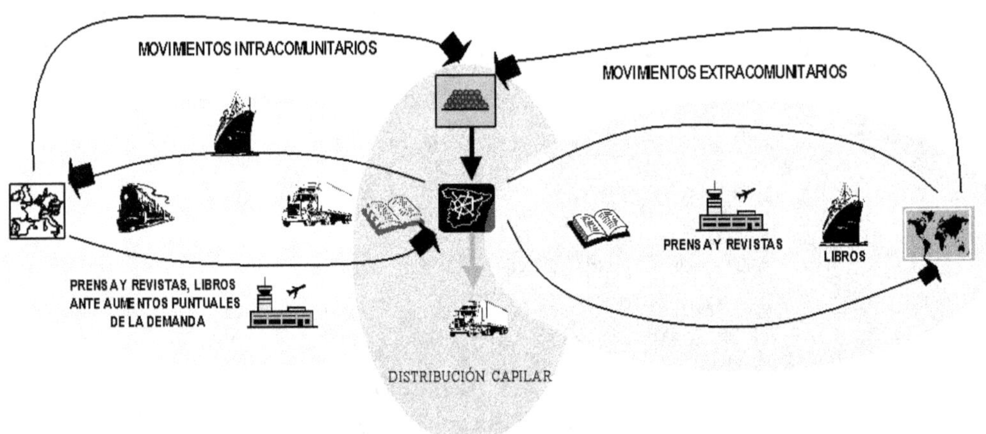

Figura 7.9. Flujo de importación-exportación de la industria editorial.

En este sector se pueden destacar tres diferentes actividades:

— La industria del papel.

— Las artes gráficas.

— El sector de la edición.

El desarrollo de las tecnologías de la información y la comunicación, con sus aplicaciones multimedia y en internet, se ha traducido inicialmente en una mayor demanda de pequeños envíos como resultado de la necesidad de suministrar los pedidos derivados del comercio electrónico.

No obstante, el incremento de las velocidades y los volúmenes de transmisión a través de internet, con el uso creciente de ediciones en formato electrónico, puede suponer en el futuro una amenaza para el transporte aéreo de los productos editoriales.

3.5. Productos farmacéuticos

La industria farmacéutica suele poseer un elevado impacto sobre la producción y el empleo en los países donde radican sus instalaciones, lo que se traduce en la necesidad de que sus proveedores logísticos dispongan de unos elevados niveles de prestación.

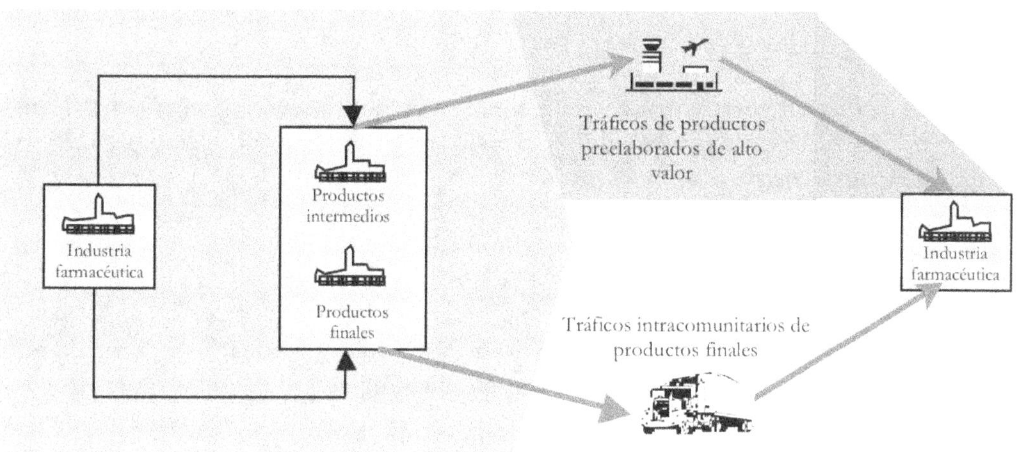

Figura 7.10. Flujo interindustrial de la industria farmacéutica.

Los principales flujos de mercancías derivados de la industria farmacéutica radican en intercambios comerciales de productos básicos o semielaborados, con un elevado número de envíos que poseen un carácter de producto perecedero e incluso de mercancía peligrosa, que requieren de la velocidad y seguridad del transporte que ofrece el modo aéreo.

3.6. Industria del calzado

La industria del calzado es un sector productivo caracterizado por un alto componente estacional y regido por modas.

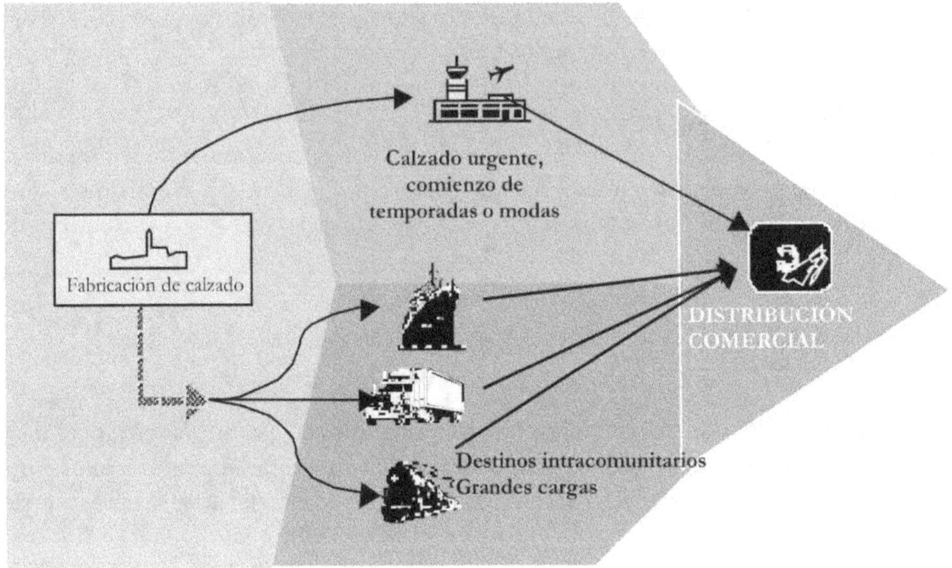

Figura 7.11. Flujo de exportación de la industria del calzado.

El calzado es un producto que requiere con mucha frecuencia el uso del transporte aéreo, debido a la exigencia de ser puesto en el mercado de forma urgente y al suministro de existencias.

3.7. Industria textil

La industria textil es un sector caracterizado por una alta estacionalidad, coincidiendo con los cambios de temporada y las modas internacionales.

Se trata de un sector que tiene una tendencia cada vez mayor a utilizar técnicas "justo a tiempo", lo cual implica que los productos destinados a la cadena productiva sean suministrados puntualmente y que las prendas confeccionadas sean puestas en el mercando con la mayor prontitud posible.

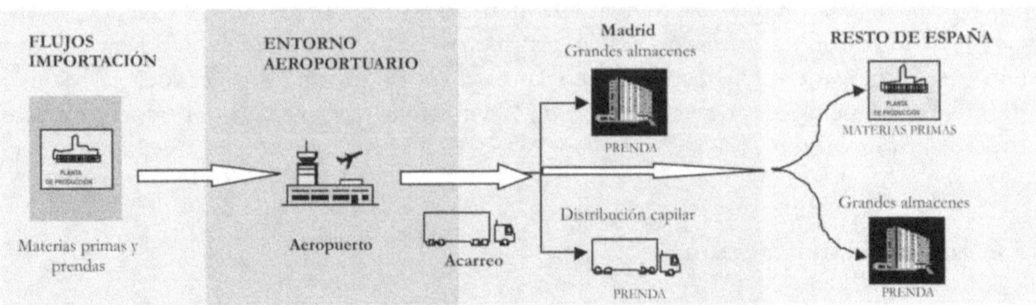

Figura 7.12. Flujo de importación de la industria textil.

4. Mercancías especiales

En este apartado se hace un análisis de las mercancías especiales que con mayor frecuencia utilizan el transporte aéreo. Habitualmente requieren de condiciones especiales en todas o en algunas de las fases del proceso de transporte, así como documentaciones específicas.

Tal como se indica en el apartado 4 del capítulo 6, sobre la realización de reservas en los vuelos, estas mercancías requieren siempre tener previamente confirmada su reserva para ser aceptadas para el transporte, cualquiera que sea su destino.

4.1. Mercancías peligrosas

Las "mercancías peligrosas" son productos o sustancias nocivas o perjudiciales que durante su transporte pueden generar o desprender humos, gases, vapores o polvos de naturaleza peligrosa, ya sea explosiva, inflamable, tóxica, infecciosa, radiactiva, corrosiva o irritante.

Las mercancías peligrosas pueden, por tanto, constituir un riesgo importante para la salud, la seguridad o la propiedad.

El Comité de Expertos de la ONU desarrolla los procedimientos para el transporte de todo tipo de mercancías peligrosas, excepto los materiales radiactivos. Estos procedimientos, aplicables a todas las modalidades de transporte, se publican en las Recomendaciones del Comité de Expertos para el Transporte de Mercancías Peligrosas.

La Agencia Internacional de Energía Atómica (IAEA) desarrolla los procedimientos para el transporte de materiales radiactivos y la OACI los utiliza como base para preparar la reglamentación para el "Transporte Sin Riesgo de Mercancías Peligrosas por Vía Aérea". La reglamentación de la OACI está codificada en el anexo 18 al Convenio Internacional de Aviación Civil y en sus "Instrucciones Técnicas para el Transporte Sin Riesgo de Mercancías Peligrosas por Vía Aérea".

La reglamentación de la IATA sobre mercancías peligrosas está basada en las instrucciones técnicas de la OACI, sin embargo, la IATA ha incluido requisitos adicionales que son más restrictivos y refleja las prácticas normales de la aviación o consideraciones operacionales.

La reglamentación de la IATA es de aplicación a todas las compañías aéreas que sean miembros de esta organización y a todas las compañías que forman parte del Acuerdo Interlineal Multilateral de Tráfico de Carga.

El Anexo 18 de la OACI y sus instrucciones técnicas son aplicables para el transporte de mercancías peligrosas en avión desde, a, o a través de los Estados miembros de la OACI.

El reglamento está compuesto por diez secciones en las que se reflejan la normativa y todos sus procedimientos. Cada una de estas secciones está referida a los siguientes temas:

- Sección 1: Aplicabilidad.

- Sección 2: Limitaciones.

- Sección 3: Clasificación.

- Sección 4: Identificación.

- Sección 5: Embalado.

- Sección 6: Especificaciones de embalaje y pruebas.

- Sección 7: Marcado y etiquetado.

- Sección 8: Documentación.

- Sección 9: Manipulación.

- Sección 10: Materiales Radiactivos.

4.1.1. Clasificación de las mercancías peligrosas

Las mercancías peligrosas se definen como aquellas que satisfacen los criterios de una o más de las 9 clases de riesgo de las Naciones Unidas y, cuando procede, de uno de los tres grupos de embalaje de Naciones Unidas.

Las 9 clases se refieren al tipo de riesgo, mientras que los grupos de embalaje hacen referencia al grado de peligro dentro de la clase.

Algunas clases de riesgo se subdividen en divisiones de riesgo, debido al alto alcance de la clase. Las clases de riesgo y sus divisiones son las siguientes:

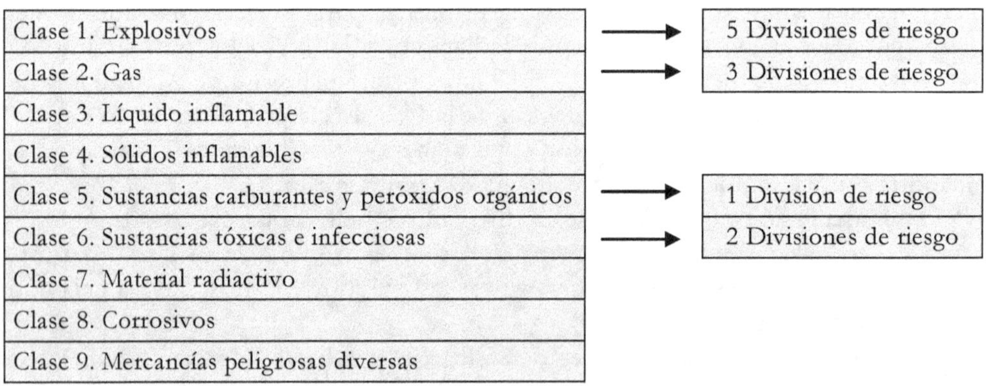

Clase 1. Explosivos	→ 5 Divisiones de riesgo
Clase 2. Gas	→ 3 Divisiones de riesgo
Clase 3. Líquido inflamable	
Clase 4. Sólidos inflamables	
Clase 5. Sustancias carburantes y peróxidos orgánicos	→ 1 División de riesgo
Clase 6. Sustancias tóxicas e infecciosas	→ 2 Divisiones de riesgo
Clase 7. Material radiactivo	
Clase 8. Corrosivos	
Clase 9. Mercancías peligrosas diversas	

Figura 7.13. Clases de riesgo definidas por las Naciones Unidas.

4.1.2. Responsabilidades del expedidor

El expedidor de un envío por vía aérea tiene que cumplir plenamente con la reglamentación de la IATA sobre mercancías peligrosas, con lo que también estará cumpliendo con las instrucciones técnicas de la OACI.

ETIQUETAS DE RIESGO Y MANIPULACIÓN DE IATA/OACI

Excepto en el caso de las etiquetas correspondientes a radiactivos y manipulación, el texto que indica la naturaleza del riesgo en la etiqueta es facultativo

Etiquetas de riesgo primario

Clase 1

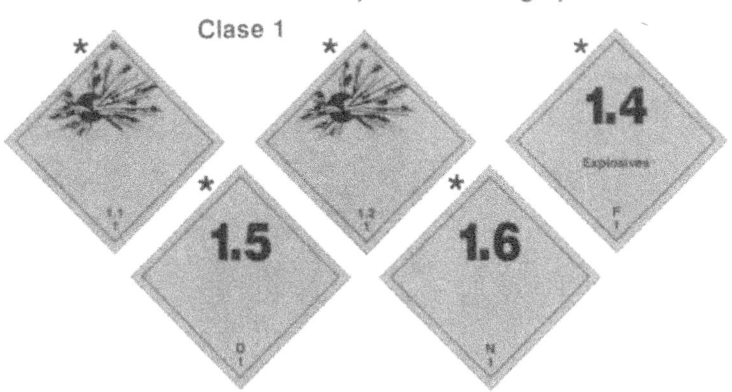

* Los artículos que lleven las etiquetas de explosivos en las Divisiones 1.1, 1.2, 1.4F, 1.5 y 1.6 están prohibidos normalmente para su transporte por vía aérea.

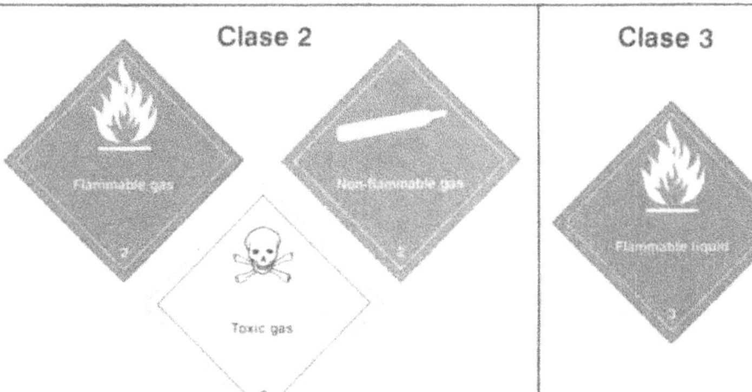

Clase 4

Clase 5

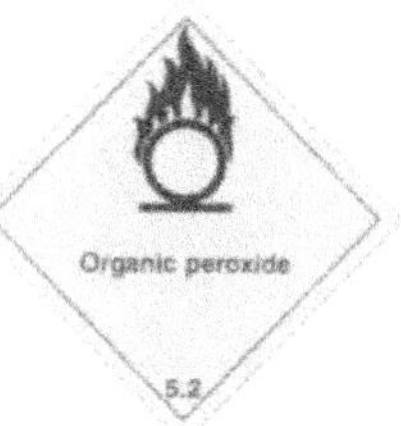

Clase 2

Clase 3

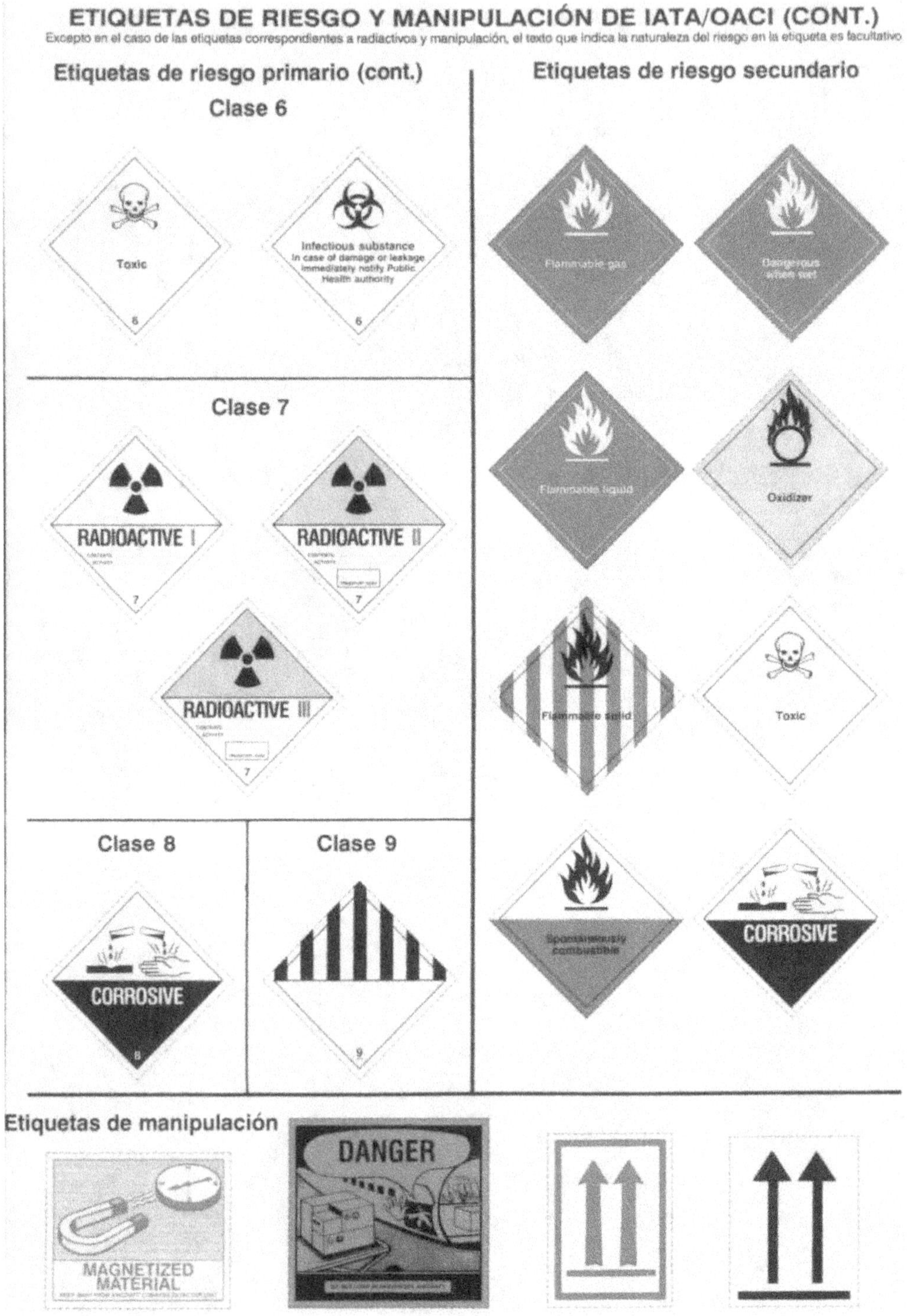

Figura 7.14. Modelos de "Etiquetas de riesgo y manipulación de IATA/OACI" para el envío de mercancías peligrosas.

El expedidor que ofrezca artículos o sustancias que contravengan la normativa puede infringir la legislación nacional e incurrir en sanciones legales.

El cumplimiento de la reglamentación obliga a los expedidores a actuar de acuerdo con los siguientes requisitos:

— Deberá proporcionar información a sus empleados de manera que éstos puedan cumplir con sus responsabilidades respecto al transporte.

— El expedidor se cerciorará de que no está prohibido el transporte de los artículos o sustancias que desea transportar por vía aérea.

— Los artículos deben identificarse, clasificarse, embalarse, marcarse, etiquetarse y documentarse de acuerdo con la reglamentación.

— Antes de que un embarque de mercancías peligrosas sea preparado para su transporte por vía aérea, todas las personas que tengan relevancia e involucradas en su preparación deben haber recibido la formación que les capacite para llevar a cabo sus responsabilidades.

Existen programas de formación de la IATA, organizaciones y empresas con la correspondiente habilitación de la Aviación Civil.

4.1.3. Responsabilidades de los operadores

Los transportistas aéreos deben cumplir los requerimientos de la Sección 9 del citado reglamento, la cual hace referencia a la aceptación de las mercancías, los procedimientos de almacenamiento, preparación y estiba de la carga, incompatibilidades entre cargas, procedimientos en caso de incidentes, formación del personal, etc.

4.1.4. Documentación

En cuanto a la documentación necesaria para el transporte de mercancías peligrosas, el expedidor es el responsable de cumplimentar los formularios de "Declaración del expedidor de mercancías peligrosas" (véase figura 7.15) y de "Conocimiento aéreo" por cada consignación de mercancías peligrosas.

Estos documentos deben emitirse para todas y cada una de las expediciones que contengan mercancías peligrosas, de acuerdo con la reglamentación de la IATA.

4.1.5. Marcado y etiquetado

El expedidor tiene que asegurarse de que todos los bultos están perfectamente marcados y etiquetados, eliminando cualquier marca preexistente. Para cada clase de mercancía y "división de riesgo", debe aplicarse la etiqueta correspondiente, tomando como referencia los modelos estipulados en la normativa "Etiquetas de riesgo y manipulación de IATA/OACI" que pueden observarse en la figura 7.14.

SHIPPER'S DECLARATION FOR DANGEROUS GOODS
DECLARACION DEL EXPEDIDOR DE MERCANCIAS PELIGROSAS

Shipper
Expedidor

Air Waybill No
Número de Conocimiento Aéreo

Page   of   Pages
Página   de   Páginas

Shipper's Reference Number *(optional)*
Número de Referencia del Expedidor *(facultativo)*

Consignee
Consignatario

*Para uso opcional
de los
compañías
logo y dirección*

Two completed and signed copies of this Declaration must be handed to the operator
Dos ejemplares cumplimentados y firmados de esta Declaración han de entregarse al explotador

TRANSPORT DETAILS
DETALLES DEL TRANSPORTE

This shipment is within the limitations prescribed for: *(delete non-applicable)*
Este embarque está dentro de las limitaciones prescritas para: *(táchese lo que no proceda)*

| PASSENGER AND CARGO AIRCRAFT AVIONES DE PASAJEROS Y CARGA | CARGO AIRCRAFT ONLY SOLO AVIONES DE CARGA |

Airport of Departure
Aeropuerto de Salida

Airport of Destination:
Aeropuerto de Destino

WARNING
Failure to comply in all respects with the applicable Dangerous Goods Regulations may be in breach of the applicable law, subject to legal penalties. This Declaration must not, in any circumstances, be completed and/or signed by a consolidator, a forwarder or an IATA cargo agent.
AVISO
La falta de cumplimiento de cualquiera de las normas contenidas en la Reglamentación sobre Mercancías Peligrosas aplicables puede constituir una infracción de la ley correspondiente, sujeta a responsabilidad legal. En ningún caso esta Declaración será cumplimentada y/o firmada por un consolidador, un agente expedidor o un agente de Carga de IATA.

Shipment type *(delete non-applicable)*   Tipo de Expedición *(táchese lo que no proceda)*

| NON-RADIOACTIVE NO RADIACTIVO | RADIOACTIVE RADIACTIVO |

NATURE AND QUANTITY OF DANGEROUS GOODS
NATURALEZA Y CANTIDAD DE MERCANCIAS PELIGROSAS

Dangerous Goods Identification / Identificación de Mercancías Peligrosas						
Proper Shipping Name / Denominación del Artículo Expedido	Class or Division / Clase o División	UN or ID No / N° NU o ID	Packing Group / Grupo de Embalaje	Subsidiary Risk / Riesgo Secundario	Quantity and type of packing / Cantidad y tipo de embalaje	Packing Inst. / Instrucción de Emb.	Authorization / Autorización

Additional Handling Information
Información Adicional de Manipulación

I hereby declare that the contents of this consignment are fully and accurately described above by the proper shipping name, and are classified, packaged, marked and labelled/placarded, and are in all respects in proper condition for transport according to applicable international and national governmental regulations.
Por la presente declaro que el (los) contenido(s) de este embarque está(n) total y acuciosamente descrito(s) más arriba por su(s) nombre(s) apropiado(s) de expedición y está(n) clasificado(s), embalado(s), marcado(s) y etiquetado(s)/rotulado(s) y que, en todos los aspectos está(n) en condiciones apropiadas para el transporte de acuerdo a las regulaciones gubernamentales nacionales e internacionales aplicables.

Name/Title of Signatory   Nombre/Cargo del firmante

Place and Date   Lugar y Fecha

Signature   Firma
(see warning above)
(véase el aviso precedente)

Figura 7.15. Modelo de formulario de "Declaración del expedidor de mercancías peligrosas".

Corresponde también al propio expedidor añadir facultativamente un breve texto que indique la naturaleza del riesgo que afecta a la mercancía, excepto en el caso de referirse a la manipulación de la misma y a productos radiactivos.

4.1.6. Límites

Independientemente de todos los requisitos que se deben cumplir en cuanto a la preparación y envío de mercancías peligrosas, existen limitaciones en función de la cantidad que se debe transportar, tipo de aeronave y restricciones propias de cada compañía.

En el caso de tratarse del envío de pequeñas cantidades exentas, el expedidor tiene igualmente la obligación de etiquetar e identificar su envío con la etiqueta normativa, el modelo de la cual puede observarse en la figura 7.16.

4.1.7. Listas de verificación de mercancías peligrosas

La IATA recomienda la utilización de una "lista de verificación de mercancías peligrosas", con el fin de chequear que en la aceptación de las mismas se cumplen todos los requisitos documentales y físicos.

Los modelos de listas para los diversos materiales, incluidos los radiactivos, se encuentran en la reglamentación publicada por la IATA.

4.2. Animales vivos

Los expedidores de animales vivos deben cumplir en su totalidad con la "Reglamentación para el Transporte de Animales Vivos" de la IATA, así como con cualesquiera otras regulaciones gubernamentales adicionales que estén en vigor en el país de origen, tránsito y destino de la expedición.

Esta reglamentación está aceptada por la Convención sobre el Comercio Internacional de Especies Amenazadas de Fauna y Flora Silvestre (Cites).

4.2.1. Responsabilidades del embarcador

El expedidor o su agente autorizado son responsables de:

- Obtener la reserva de vuelo.

- Obtener todos los documentos necesarios.

- Cumplir con las regulaciones nacionales, con las del transportista y las de la IATA.

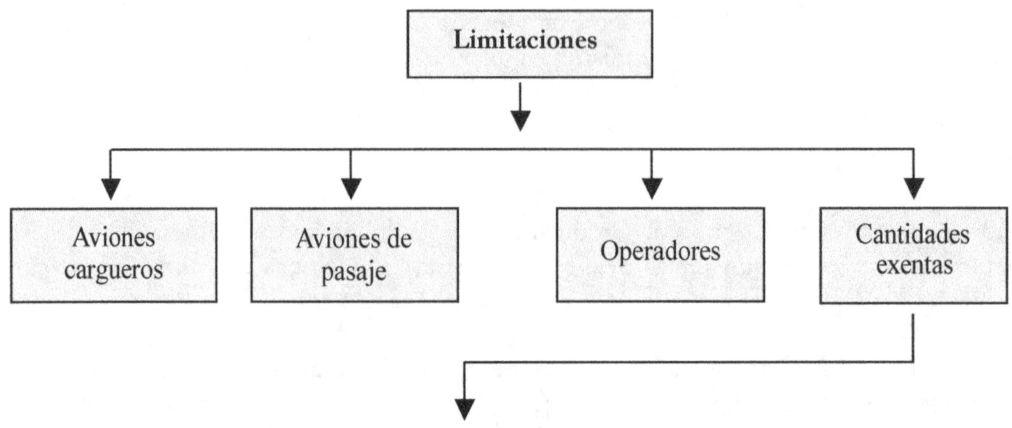

Figura 7.16. Modelo de etiqueta para el envío de mercancías peligrosas en "cantidades exentas".

- Proveer contenedores que se ajusten a las regulaciones sobre animales vivos de la IATA.

- Proporcionar alimentos que no contravengan las regulaciones nacionales.

- Fijar en el contenedor las instrucciones especiales de alimentación y de abrevamiento.

- Registrar en las instrucciones del contenedor la fecha y la hora en que el agua y los alimentos fueron suministrados.

- Declarar la condición del animal cuando se encuentre en estado de preñez o hubiere parido dentro de las últimas 48 horas.

- Registrar cualquier medicación suministrada.

4.2.2. Responsabilidades del transportista

Para el transporte de animales vivos por vía aérea, el transportista debe tener en consideración diversos factores:

- Especies de los animales, sus características, razas, sexo, edad y el peso individual.

- Condiciones de los animales.

- Tipo de embalaje utilizado.

- Tipo de avión o aviones que serán utilizados.

- Cantidad de espacio requerido en el compartimento de carga.

- Condiciones ambientales de los compartimentos de carga.

- Condiciones ambientales en las paradas intermedias.

- Posibilidad de la mejor ubicación dentro de los compartimentos de carga.

- Presencia de otras cargas que puedan afectar a los animales (incompatibilidades).

- Necesidades de atención en vuelos.

- Disponibilidad de facilidades para su almacenaje en tierra.

- Documentación requerida, certificación del expedidor, certificados sanitarios, permisos de exportación, importación y tránsito, y certificado Cites, en caso necesario.

CERTIFICADO DEL EXPEDIDOR PARA ANIMALES VIVOS

(Debe ser completada en duplicado)

Por medio del presente certifico que: *(marcar la casilla apropiada)*

☐ Además de haber cumplido con todos los arreglos previos, este embarque está debidamente descrito y embalado y en condiciones adecuadas para su transporte por vía aérea de acuerdo a la Edición vigente de la Reglamentación para el Transporte de Animales Vivos de IATA *y a todas las Regulaciones Gubernamentales y del Transportador.* El (los) animal(es) de este embarque está(n) en buenas condiciones y goza(n) de buena salud.

☐ Los animales capturados en estado salvaje han sido debidamente aclimatados.

☐ Este embarque *no incluye* especies del Apéndice I, tal como se describen por la Convención sobre el Comercio Internacional de Especies Amenazadas de Fauna y Flora Silvestres o por otras legislaciones nacionales aplicables. Los permisos y certificados correspondientes están adjuntos a la Guía Aérea.

☐ Las especies amenazadas contenidas en este embarque pueden ser transportadas legalmente e importadas al país de destino final y través de los países de la ruta planificada.

El embarcador acepta que los transportadores no serán responsables por cualquier pérdida, daño o gastos que surjan de la muerte de un animal debida a causas naturales, como tampoco por la muerte o heridas de cualquier animal causadas por la conducta o acciones del animal mismo u otros animales tales como: mordeduras, coceaduras, cornadas o asfixia, ni por aquello a lo cual las condiciones, naturaleza o tendencias de los animales hayan contribuido o causado. En ningún caso el transportador será responsable por la muerte o heridas de un cuidador de animales causadas por los animales o a las que, la condición, conducta o acciones de éstos hayan contribuido.

Número de bultos	Número del Requisito específico del contenedor (Ver la Reglamentación para el Transporte de Animales Vivos)	Especies y cantidad de Animales (nombre común y científico)

Nombre y dirección del embarcador...

....

Firma del embarcador...

Fecha.......................
Año/Mes/Día (Sírvase ver el reverso para condiciones especiales)

El embarcador que no cumpla con la Reglamentación para el Transporte de Animales Vivos de IATA, podría estar contraviniendo, además, regulaciones internacionales y/o nacionales y, en consecuencia, estar expuesto a sanciones legales.

No. de la Guía Aérea	Aeropuerto de salida	Aeropuerto de destino

Figura 7.17. Modelo de "Certificado del expedidor para animales vivos" de la IATA.

La normativa de la UE establece que la entrada de los animales procedentes de terceros países sólo puede realizarse a través de los aeropuertos autorizados, que disponen de un departamento denominado "puesto de inspección fronterizo (PIF)". Estos puestos tienen tres niveles de aceptación de animales:

– Ungulados.

– Equinos.

– Otros.

Un PIF puede estar autorizado exclusivamente para la entrada de uno, dos o la totalidad de los grupos anteriores.

Para el transporte de animales vivos por vía aérea, en la Sección 3 de la reglamentación de la IATA se indican ciertas reservas y limitaciones establecidas por las compañías aéreas, muchas de las cuales están referidas a animales contemplados en algún apéndice del Cites, siendo obligatorio que el expedidor cumplimente el "Certificado del Expedidor".

4.2.3. Requerimientos de los contenedores

Para el transporte de animales vivos por vía aérea, se ha establecido un tipo de contenedor para cada animal o grupo de animales.

Los contenedores deben cumplir los requisitos de la reglamentación, especialmente en cuanto a:

- Dimensiones y densidades de apiñamiento.

- Ventilación.

- Alimentación y abrevamiento.

- Etiquetado y marcado.

- Cuidados especiales.

Figura 7.18. Modelo de contenedor de material plástico para el transporte de perros y gatos por vía aérea.

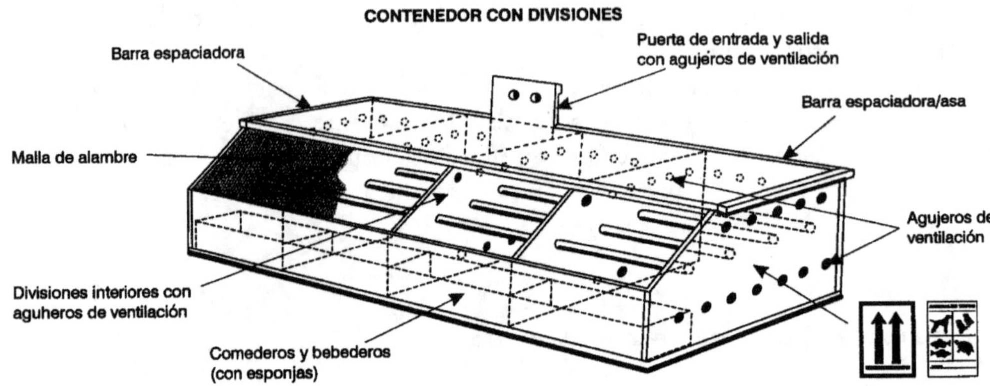

Figura 7.19. Modelo de contenedor para el transporte por vía aérea de aves de pequeño tamaño.

4.2.4. Algunos tipos de contenedores

Aunque son bastante numerosos los tipos de contenedores a utilizar según los animales que se deban transportar, en este apartado se indican los de uso más frecuente.

En la figura 7.18 se observa el tipo de contenedor de uso más frecuente para el transporte de perros y gatos. Algunas compañías disponen de existencias que ofrecen a los clientes en venta o alquiler.

El transporte de aves vivas requiere de contenedores especializados, según el tipo de ave, cantidad de ejemplares, etc. En la figura 7.19 se representa un modelo de contenedor de utilización muy frecuente para el transporte de aves de pequeño tamaño.

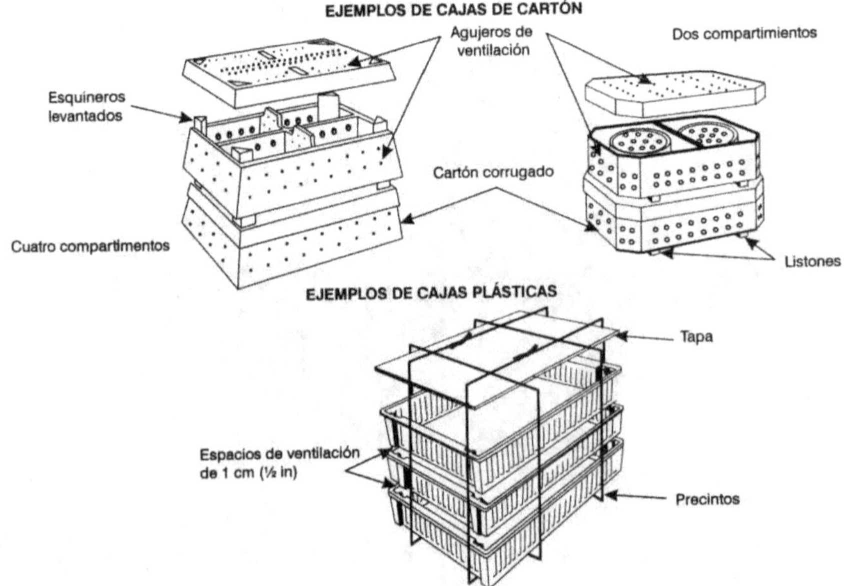

Figura 7.20. Modelo de contenedores para el transporte de pollitos por vía aérea.

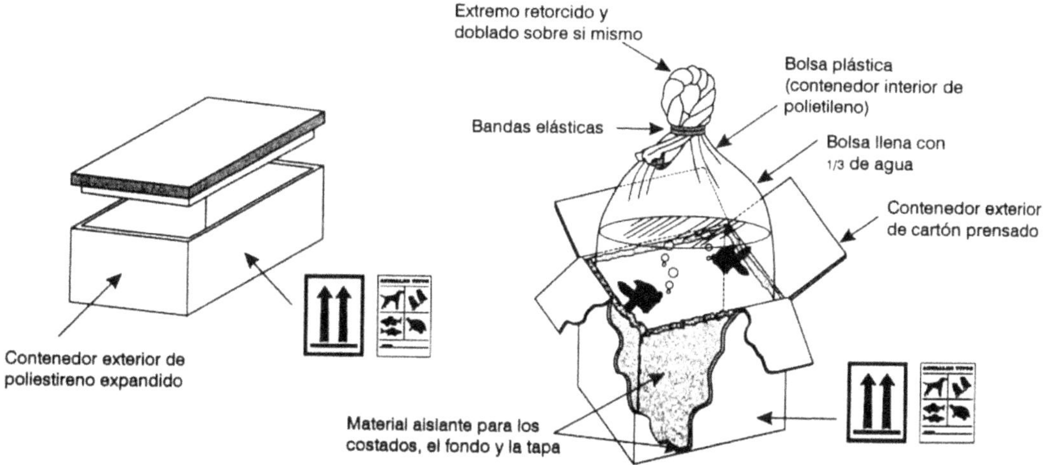

Figura 7.21. Modelo de contenedor para el transporte por vía aérea de peces vivos de pequeño tamaño.

Un ejemplo más de especialización lo constituye el transporte de pollitos de menos de 72 horas de vida. Se trata de una operación muy delicada que requiere de contenedores con un diseño específico, como puede observarse en la figura 7.22, elaborados con materiales plásticos o bien de cartón, así como de la preparación y estiba de las cajas de forma especial con la finalidad de que exista una adecuada ventilación durante todo el vuelo.

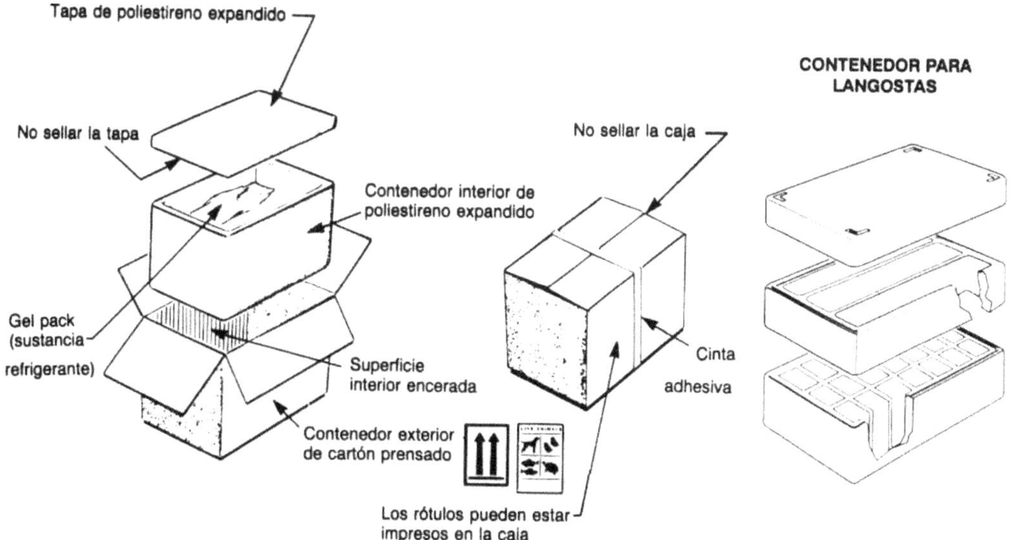

Figura 7.22. Modelo de contenedor para el transporte de langostas por vía aérea.

El transporte de peces vivos también precisa de contenedores especializados, diseñados en función de las características de los ejemplares, cantidades, etc., que se deban trasladar. En la figura 7.21 se representa un modelo de contenedor de uso frecuente para el transporte de peces vivos de pequeño tamaño, en especial de peces tropicales.

Los contenedores para peces, mariscos o crustáceos vivos no sólo requieren de unas características que permitan la conservación de los animales en óptimas condiciones, sino que también eviten el posible derrame de líquidos que resultarían sumamente perjudiciales para la aeronave. Por todo ello, siempre deben extremarse las precauciones en el embalaje y la estiba de este tipo de mercancías.

Existen a su vez contenedores que son estibados sobre una paleta, especialmente adecuados para el transporte de animales de un considerable volumen, como caballos, vacas, etc.

Figura 7.23. Modelos de contenedores para el transporte de caballos.

Otras tipologías de animales permiten la formación de unidades de carga mediante estructuras semiabiertas, como es el caso de los corrales múltiples *(penning system)* que se observan en la figura 7.24, los cuales se montan sobre palés.

Figura 7.24. Modelo de corrales múltiples para el transporte de animales de granja.

4.2.5. *Marcado, etiquetado y lista de comprobación*

Cada contenedor de animales vivos debe estar marcado de forma duradera y legible, con los siguientes datos:

- Nombre completo, dirección y teléfonos del consignatario o de la persona encargada del embarque.

- Nombre común y científico del animal o animales y cantidad de ejemplares de cada animal dentro del contenedor.

- Indicación de si son "venenosos" o de si "muerden", de la forma más expresiva posible.

- Indicación de si es necesaria alguna medicación o tranquilizante.

- Indicación de la posición en que debe viajar el contenedor.

- Etiquetado de "Animales vivos" o "Animales de laboratorio".

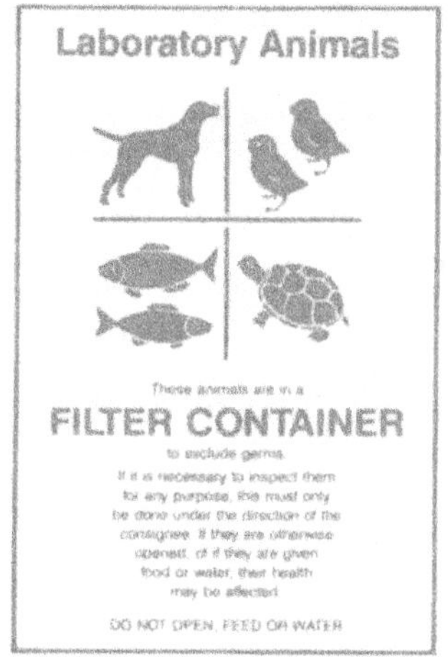

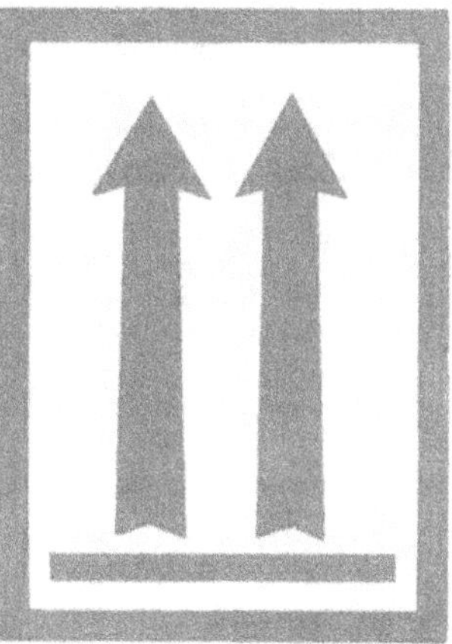

Figura 7.25. Modelos de etiquetas para el transporte de animales vivos, animales de laboratorio y de posición del contenedor.

Con el fin de facilitar su labor a los expedidores, a los agentes de carga y a las compañías aéreas, la IATA ha elaborado una lista de comprobación para verificar que todos los trámites están realizados y se ha aplicado la normativa vigente, cuyo modelo figura en el manual *Reglamentación para el transporte de animales vivos*.

 **Reglamentación para el Transporte de Animales Vivos**

LISTA DE VERIFICACIÓN DE LA IATA PARA LA ACEPTACIÓN DE ANIMALES VIVOS

No. de Guía Aérea: _______________   Origen: _______________   Destino: _______________

Nota 1: Preparar esta lista en duplicado.

Nota 2: Si el embarque ha sido rechazado, entregue el original de este formulario al Supervisor de turno y anote el nombre del embarcador y su agente donde corresponda.

Nota 3: No rechazar ningún embarque hasta que todos los ítems hayan sido revisados.

Nota 4: Si el embarque ha sido aceptado, agregue una copia a la Guía Aérea y mantenga el duplicado en un archivo apropiado.

Nota 5: Responda «No aplicable» solamente frente a la pregunta en donde el casillero N/A aparezca.

Nota 6: Si algunas de las respuestas es NO, el embarque no debe ser aceptado y deberá ser devuelto al embarcador con una copia de esta Lista de Chequeo.

Aceptación General

_Sí   N/P   No_

1. ¿Se han hecho los arreglos previos y las reservaciones de espacio con todos los transportadores que participan en el transporte?

2. ¿Han sido avisados los transportadores en el caso de que se estén transportado animales de laboratorio, tales como monos, que pudieran transportar enfermedades transmisibles a los seres humanos, para efectuar los arreglos necesarios?

3. ¿Se han hecho los arreglos previos en el aeropuerto de destino para su entraga y/o cuarentena o para cualquiera otra atención especial?

4. En el caso de que hayan cuidadores acompañando al embarque. ¿Se han hecho los arreglos previos con los transportadores comprometidos en el embarque?

5. El embarque. ¿Cumple con las regulaciones vigentes de las Estaciones de tránsito?

6. En donde sea aplicable. ¿Ha cumplido con todas las regulaciones gubernamentales y de los transportadores?

Guía Aérea

7. Los animales vivos. ¿Son las únicas mercancías amparadas por la Guía Aérea?

8. ¿Se han indicado en la Guía Aérea los números de vuelo para los cuales se han efectuado las reservas a lo largo de toda la ruta?

9. ¿Se ha indicado la cantidad de animales del embarque como asimismo sus nombres comunes, (los cuales, dentro de todo lo posible, deben corresponder a la Lista entregada por IATA en la Reglamentación para el Transporte de Animales Vivos) en el casillero de la Guía Aérea «Naturaleza y cantidad de las mercancías»?

10. ¿Están todos los permisos relevantes, incluido los permisos de CITES cuando corresponda; licencias y certificados requeridos para la exportación, transferencias e importación, adosados en forma segura a la Guía Aérea y, las copias de aquellos que se requiera, han sido pegados al contenedor?

Certificado del Embarcador

11. ¿Ha sido llenado completamente y en duplicado?

12. ¿Está la descripción y la cantidad de animales, de acuerdo con la información mostrada en la Guía Aérea?

13. ¿Está firmado por el embarcador o su agente autorizado? (Chequear que este no sea un Agente de Carga IATA, Consolidador, Embarcador o, indirectamente, un transportador.)

Contenedor

14. ¿Cumple este con los Requisitos del Contenedor, tal como están detallados en la Reglamentación para el Transporte de Animales Vivos de IATA?

    (a) ¿Es del tamaño apropiado para el tipo particular de animal?

    (b) ¿Tiene bastante ventilación?

    (c) ¿Es adecuada su construcción?

    (d) ¿Cuenta con las correspondientes asas de manipulación para evitar que las personas que manejan la carga deban acercarse demasiado a los animales, facilitando, además, su manejo?

    (e) ¿Está construido a prueba de filtraciones de líquidos?

    (f) ¿Está limpio el contenedor?

    (g) ¿Contiene suficiente material absorbente? (Chequear que no se trate de paja ya que algunos países prohiben el ingreso de paja.)

    (h) ¿Está dotado, el contenedor, de cubetas adecuadas para el agua y los alimentos?

Etiquetación y Marcado

15. ¿Se ha marcado el nombre, dirección y ciudad del consignatario, tal como está mostrado en la Guía Aérea, en cada uno de los contenedores?

16. ¿Se han adosado al contenedor el número de etiquetas de «Animales Vivos» («Live Animals») y de posición «Este Lado Hacia Arriba» («This Way Up») en cantidad suficiente?

17. ¿Ha sido completada cada etiqueta de «Animales Vivos», reflejando su contenido correcto?

18. Para el caso de animales que pueden infligir picaduras o mordeduras venenosas. ¿Se ha marcado el contenedor con letras de molde la palabras «POISONOUS» («Venenoso»)?

19. Para los animales libres de gérmenes patógenos para el uso en laboratorio, ¿Se han agregado a cada contenedor las etiquetas «This Way Up» («Este lado arriba») y la etiqueta «Laboratory Animals» («Animales de Laboratorio»)?

20. Cuando el animal ha sido sedado. ¿Se han marcado los detalles en el contenedor, tales como: tipo y nombre científico de la droga administrada, hora de administración, dosis aplicada, y tiempo estimado de duración?

Alimentación y Abrevaje

21. Si fuera necesario que el o los animales deban ser alimentados o abrevados en ruta. ¿Se han hecho los arreglos previos por el embarcador o el transportista con los otros transportadores y/o personal a lo largo de la ruta?

22. ¿Están las instrucciones de alimentación pegadas al contenedor y si fueran necesarios suministros se han agregado éstos a la parte superior externa del contenedor?

23. Los alimentos o el acolchonamiento (si es que se han provisto en el contenedor) para el o los animales, no contravienen ninguna de las regulaciones de los países de tránsito e importación?

Figura 7.26. Lista de chequeo para el transporte de animales vivos.

4.3. Vehículos y motores de combustión

Los vehículos y motores de combustión están sometidos a la reglamentación sobre mercancías peligrosas de la IATA, por lo que deben cumplir con todos los requisitos establecidos para las mismas.

En los vehículos tipo turismo, tractor, etc., para su transporte se requiere el cumplimiento de las siguientes condiciones:

- Emisión de la "Declaración del expedidor de mercancías peligrosas".

- Depósito de combustible vacío.

- Desconexión de los bornes de la batería.

- Presión de las ruedas al 50 % de su presión normal.

Para su estiba, como puede verse en la figura 7.27, los vehículos son montados sobre paletas, calzados y anclados a las mismas.

Figura 7.27. Vehículos montados sobre palés, calzados y anclados, dispuestos para su transporte por vía aérea.

4.4. Mercancías perecederas y húmedas

Por "mercancías perecederas" o "productos perecederos" (PER), en un sentido amplio, se entiende "cualquier tipo de mercancía que pueda deteriorarse después de un cierto período de tiempo, o por estar expuesta a temperaturas diversas, humedades u otras condiciones adversas".

Las mercancías perecederas pueden ser, pues, productos sanitarios, alimentarios e incluso de uso industrial que precisan de unas condiciones especiales, de un control técnico determinado y de unos parámetros de salubridad y de temperatura regulada para su conservación, almacenamiento, transporte, carga y descarga.

Tomando en consideración esta denominación podría deducirse que sólo se incluyen como mercancías perecederas las que, para su conservación, requieren de unas condiciones logísticas especiales. Sin embargo, suelen considerarse también como perecederas aquellas que transcurrido un cierto tiempo no se deterioran pero pierden el total de su valor, como por ejemplo la prensa.

Las mercancías que contienen líquidos o que por su naturaleza pueden producirlos y que no están sujetas a la reglamentación de mercancías peligrosas, se consideran "mercancías húmedas". Aunque entre éstas podemos incluir a los animales vivos, esta mercancía ya está considerada en la "Reglamentación para el transporte de animales vivos" de la IATA (apartado 4.2 de este mismo capítulo), por lo que en este apartado vamos a referirnos fundamentalmente a los productos del mar, carne, pieles y cueros húmedos, verduras, frutas blandas, flores, etc.

Estos productos, además de pertenecer al grupo de mercancías húmedas, son también en su gran mayoría mercancías del grupo de perecederas, es decir, que con el paso del tiempo se deterioran, pierden valor o experimentan serios trastornos con los cambios de temperatura y humedad.

Durante las operaciones del transporte aéreo se producen variaciones de temperatura y de presión, por lo que los embalajes deben ser impermeables y soportar estas variaciones sin experimentar roturas o derrames del contenido. Asimismo, durante las operaciones normales de un vuelo el avión puede adoptar ángulos de ascenso y descenso de hasta 30° con respecto a la horizontal, por lo que los embalajes deben garantizar que en estas inclinaciones no se produzca el derrame de ningún tipo de líquido.

Todas estas mercancías deben disponer de la reserva confirmada en todos sus trayectos, siendo preferible el embarque en vuelos directos para evitar conexiones y vías largas.

En la mayoría de estas mercancías, especialmente en el caso del pescado, se utilizan productos refrigerantes para su mejor conservación, como pueden ser del tipo gel, hielo picado, cubitos de hielo o hielo seco. En condiciones normales, el hielo en cubitos se derrite cinco veces más deprisa que los refrigerantes químicos.

En todos los casos es necesario utilizar bolsas de polietileno para introducir el hielo y el producto que se debe transportar, sellando las bolsas para evitar derrames. Una lámina de polietileno debe recubrir el interior de la caja o contenedor antes de colocar las bolsas de los productos y colocar en el fondo material absorbente.

Existen diversos tipos de embalajes en función de la mercancía perecedera que se debe transportar, de acuerdo con los manuales de la IATA y las normativas de las compañías aéreas. Es muy importante el estricto cumplimiento de las normas de embalaje de cada producto, con el fin de evitar derrames que pueden producir daños al avión y reparaciones muy costosas.

Cada tipo de mercancía perecedera requiere una temperatura de almacenaje acorde con sus características y su naturaleza. En la tabla 7.4 se indican los rangos de temperaturas recomendados.

PESCADO Y MARISCO	TEMPERATURA
Pescado y marisco	Entre 0 y 5ºC
Crustáceos vivos	2ºC
Pescado congelado	-18ºC

PRODUCTOS CÁRNICOS	TEMPERATURA
Carne fresca	Entre 0 y 5ºC
Carne congelada	Inferior a -12 ºC
Carne refrigerada	Inferior a 5ºC

PLANTAS VIVAS

PLANTAS DE INTERIOR	TEMPERATURA IDÓNEA
En general	+12 a + 15 ºC
Cactus	+15 a + 20 ºC
Tropicales	+15 a + 25 ºC

PLANTAS DE EXTERIOR (RESINOSAS Y ARBUSTOS)	TEMPERATURA IDÓNEA
Adultos	+10 a + 20 ºC
Jóvenes	+ 12 a + 18 ºC

FLORES

0 – 2 ºC	2- 7 ºC	7-13 ºC	13-16 ºC
allium	acacia	ave del paraíso	anthurium
aster	alstromeria	camelia	heliconia
bouvardia	anémona	eucharis	flor de pascua
clavel	calla	gloriosa	orquídea
azafrán	caléndula	minutisa	
crisantemo	columbina	godettia	
fresia	coreopsis	altramuz	
gardenia	aciano		
gerbera	cosmos		
gladiolo	dalia		
jacinto	margarita		
lirio	delphinium		
narciso	no me olvides		
peonia	gaillardia		
ranuculos	gypsophila		
rosa	lila		
squill	azucena		
strawflower	caléndulas		
guisante oloroso	orquídea		
tulipán	amapola		
	phlox		
	primavera		
	boca de dragón		
	campanilla		
	statice		
	violeta		
	rascamoño		
	las hojas verdes		

TEMPERATURA DE ALMACENAJE DE HORTALIZAS

0 – 2ºC	2 – 7ºC	7 – 13ºC	13 – 16ºC
Alcachofa	Judías verdes	Pepino	Jenjibre
Espárrago	Habichuela	Berenjena	Tomate verde
Remolacha	Patata	Calabaza	Patata dulce
Brécol		Pimiento	
Coles de Bruselas		Tomate	
Berza			
Zanahoria			
Coliflor			
Apio			
Endivia			
Hierbas frescas			
Ajo			
Guisante			
Puerro			
Lechuga			
Champiñón			
Cebolla			
Chirivía			
Rábano			
Espinacas			
Maíz tierno			
Nabo			

TEMPERATURA DE ALMACENAJE DE FRUTAS

0 – 2ºC	2 – 7ºC	7 – 13ºC	13 – 16ºC
Manzana	Manzana de cultivo	Aguacate	Plátano
Albaricoque	Aguacate	Pomelo	Limón
Mora	Arándano (rojo)	Lima	
Arándano	Guayaba	Mango	
Melón	Ambrosía	Aceituna	
Cereza	Mandarina	Papaya	
Dátil	Naranja de cultivo	Granadilla	
Higo	Granada	Piña	
Uva	Tangerina		
Kiwi	Sandía		
Corteza limón			
Nectarina			
Naranja			
Melocotón			
Pera			
Placaminero			
Ciruela			
Membrillo			
Frambuesa			
Fresa			

Tabla 7.4. Rangos de temperaturas para el transporte aéreo de mercancías perecederas.

4.5. Restos humanos

Está permitido el transporte de restos humanos en avión, siempre que se cumplan una serie de requisitos especiales, como son los certificados sanitarios, las autorizaciones gubernamentales de salida y llegada, etc.

Es imprescindible la reserva de espacio en el vuelo elegido y deben extremarse las verificaciones de las medidas de dimensiones del féretro y la capacidad de embarque en dicho vuelo, debido a las limitaciones de las dimensiones de las puertas y las bodegas de los aviones.

Los cadáveres son embalsamados antes de su transporte y encerrados en féretros herméticos, compuestos de dos cajas, la exterior de madera y la interior de láminas de plomo o cinc.

En el transporte aéreo internacional, durante el traslado deben ir provistos del documento denominado "Salvoconducto mortuorio", expedido por las autoridades del Estado de partida.

4.6. Armas y municiones

El transporte aéreo de armas y municiones debe cumplir con toda la normativa contemplada en el "Reglamento para el transporte sin riesgo de mercancías peligrosas", además de disponer, en su caso, de todas las autorizaciones de exportación, importación y tránsito de los países de origen, destino y tránsito.

En el caso de España se requiere las autorizaciones del Ministerio de Asuntos Exteriores y del Ministerio del Interior, a través de la Intervención de Armas de la Dirección General de la Guardia Civil.

4.7. Mercancías valiosas

De acuerdo con las consideraciones de la IATA, pueden acogerse a la consideración de "mercancías valiosas" la siguiente tipología de productos:

- Cualquier artículo con un valor declarado para el transporte igual o superior a 1.000 USD por kilogramo de peso.

- Oro en lingotes, en monedas, en forma de grano, láminas, panes, polvo, esponja, hilo, cable, etc.

- Platino y metales de platino, en todas sus variantes.

- Billetes de banco de curso legal, valores, acciones y sus cupones.

- Diamantes, rubíes, esmeraldas, zafiros, ópalos y perlas auténticas.

- Joyería.

— Relojes de oro, plata o platino.

— Artículos de oro y de platino que no sean chapados.

Para el transporte de estos artículos deben adoptarse todas las medidas de seguridad necesarias. Con el fin de garantizarla, los aeropuertos y las compañías aéreas disponen de instalaciones específicas y servicios de transporte desde y hacia el avión.

De acuerdo con las normas de la IATA, estos productos tienen un recargo en la tarifa de transporte. No obstante, hay compañías que aceptan el "no valor declarado (NVD)", a cambio de realizar un seguro con la propia compañía; cambiando entonces el concepto de "valor declarado" por el de "valor asegurado", con lo que se reducen de forma muy significativa los costes del transporte.

Capítulo 8
Costos de transporte

Los costos de la cadena de transporte y de los servicios relacionados con el mismo son consecuencia de una serie de cargos por conceptos acumulativos que, al final del proceso, pueden hacer del transporte un factor económicamente asumible o, por el contrario, encarecerlo peligrosamente.

En las operaciones comerciales es imprescindible disponer de un perfecto conocimiento de todos los costes asociados a las mismas, siendo el del transporte y los servicios relacionados una parte muy importante a ellas.

El análisis detallado de los posibles costos y una adecuada planificación del proceso de transporte pueden significar importantes reducciones en los costos totales de la operación.

Los conceptos por los distintos cargos pueden integrarse en los cuatro grandes grupos que recoge la tabla 8.1.

1. Cargos por el transporte	2. Otros cargos relacionados con el transporte	3. Cargos por servicios especiales de handling	4. Cargos por servicios en tierra ajenos al handling

Tabla 8.1. Tipos de costos por transporte.

1. Cargos por el transporte

Los cargos por el transporte son la consecuencia de la aplicación de la tarifa *(rate,* en inglés) que cobra la compañía aérea por el transporte de una mercancía en función de su peso/volumen, y se obtienen multiplicando la tarifa aplicable por los kilos o libras (kg/lb) del peso que hay que transportar.

Las tarifas que se aplican son las publicadas o acordadas por cada compañía en la fecha de emisión del conocimiento aéreo (AWB). Esta cantidad cubre únicamente los costos de transporte aéreo de aeropuerto a aeropuerto, excepto que se especifiquen otros conceptos o servicios especiales, como puede ser el puerta a puerta.

El cargo por transporte cubre los gastos propios del transporte y los de las operaciones de la compañía aérea, como, por ejemplo, el handling en el aeropuerto de origen, tránsito o destino, pero no soporta otros gastos adicionales o especiales.

Los factores que influyen en el nivel de tarifa son:

- Costos operacionales del vuelo.
- Distancia.
- Relación oferta/demanda.
- Tipo y cantidad de mercancía que ha de ser transportada.
- Estructura económica de las áreas afectadas.
- Requerimientos de manipulación de la carga.

La estructura tarifaria general está configurada de la siguiente manera:

Tarifa mínima (M)
Es el cargo mínimo para cobrar por el transporte, independientemente del peso del envío. El cargo mínimo tiene preferencia sobre cualquier otro cargo inferior que pudiera resultar de la aplicación del cargo por peso o volumen. La cuantía de los cargos mínimos no son de igual aplicación en todos los países y se encuentran publicados en los correspondientes manuales.

Tarifa normal (N)
Esta tarifa se aplica a envíos de hasta 45 kg y en su defecto de hasta 100 kg.

Tarifa de cantidad (Q; *quantity*)
Es la que se aplica según escalados de kilogramos, siendo más reducidas cuanto mayor sea el peso.

Tarifas para mercancía específica *(specifyc commodity rates; corates)*
Suelen ser más bajas que las generales de carga y son de aplicación a una deter-minada mercancía, desde un punto de origen a un punto de destino concreto, afectando a, por ejemplo, libros, efectos personales, etc.

Tarifa de clase *(class rates)*
Es la que se aplica a determinadas mercancías entre ciertas áreas de la IATA. Este tipo de tarifas se expresan en términos de porcentaje de aumento, "S", o reduc-ción, "R", de las tarifas generales de carga. Entre las tarifas de clase "S" se en-cuentran los animales vivos, la mercancía valiosa y los restos humanos, y entre las de clase "R" los productos editoriales y el equipaje transportado como mercancía.

Tarifas de unidades de carga (ULD)
Se trata de tarifas especiales, también conocidas como tarifas U, que se aplican cuan-do la mercancía se entrega a la compañía transportista o a su agente de handling dispuesta en dispositivos unitarios de carga (ULD).

En cuanto a la cuantía de cada tarifa, se encuentran publicadas en diversos manuales de la IATA. Sin embargo, estas tarifas sirven básicamente como referente, puesto que las que realmente se aplican son las de mercado, establecidas en función de los acuerdos de las compañías con los agentes de carga o transitarios, como procede en un mercado de libre comercio sometido al factor de la oferta y la demanda.

Actualmente, las compañías transportistas están ofreciendo una serie de productos que no sólo incluyen el transporte puro, sino que también incorporan un conjunto de servicios como, por ejemplo, el puerta a puerta, el despacho de aduana, etc. En consecuencia, las tarifas enunciadas anteriormente pueden incluir otros servicios especiales, anejos al estricto servicio del transporte aeropuerto-aeropuerto.

SERVICIOS DE CARGA		
Normal	**Especiales**	**Correo**
Carga general	Paquetería	
Perecederos	Express	
Mercancías especiales	Puerta a puerta	
Pesadas/Voluminosas	Handling express	

Tabla 8.2. Tipos de servicios de carga ofrecidos por las compañías aéreas.

1.1 Peso sujeto a cargos

Se denomina "peso sujeto a cargos" aquel sobre el que se aplica la tarifa de transporte aéreo, correspondiendo al de mayor cantidad entre las dos referencias posibles: el "peso real" y el "peso equivalente por volumen".

El volumen de una expedición se calcula multiplicando las medidas máximas en centímetros de longitud, altura y anchura de la expedición, para obtener los centímetros cúbicos. Una vez calculados los centímetros cúbicos de la expedición, éstos se dividen por 6.000 y el resultado es el peso por volumen al que se debe aplicar la tarifa, si éste resulta superior al peso bruto real de la expedición.

A título de ejemplo, suponiendo que una expedición pesase 1.300 kg y tuviera un volumen de 14.200.000 cm^3, al dividir el volumen por 6.000 daría un resultado de 2.366,6; lo que significa que a esta expedición se le debería aplicar un "peso sujeto a cargo" de 2.367 kg.

Si, a la inversa, se desea conocer cuál es el peso que corresponde a un metro cúbico, teniendo en cuenta que el metro cúbico tiene 1.000.000 cm^3, debe dividirse esta cantidad por 6.000 y se obtendrá 166,6, que es el peso estándar admitido por metro cúbico. Como consecuencia, siempre que sea preciso disponer de más de 1 m^3 para ubicar 167 kg, se estará sobrepasando el nivel de volumen permitido y deberá abonarse la tarifa en función del volumen y no del peso, aplicándose un "peso sujeto a cargo".

2. Otros cargos relacionados con el transporte

Existe la posibilidad de aplicación de otros cargos relacionados con el transporte con motivo de servicios no incluidos en esos mismos cargos. Los más frecuentes son los siguientes:

Documentación

Es un cargo que puede ser aplicado por el transportista o por su agente para cumplimentar el conocimiento aéreo (AWB). La cuantía del cargo difiere según los países.

Mercancías peligrosas

Se trata de un cargo que suele aplicarse en concepto de manipulación de mercancías peligrosas, independientemente del que corresponda por el de transporte. La cuantía difiere según los países.

Porte debido

El envío a "porte debido" está permitido en el tráfico aéreo, salvo restricciones por normativa de los países de origen y destino o de las propias compañías transportistas.

Normalmente no son admitidos a porte debido aquellos envíos cuyo expedidor y destinatario sea el mismo, así como las mercancías perecederas, los efectos personales y los animales vivos.

El envío a porte debido tiene un cargo que varía en función del país de destino. En España es del 3 % sobre el valor del "porte debido", y debe ser abonado por el importador en destino al último transportista.

Desembolsos

Los gastos ocasionados con anterioridad al transporte aéreo por transporte, manipulación o documentación, pueden ser cargados en el conocimiento aéreo para su cobro en destino al importador.

Esta operación conlleva la aplicación de una tasa del 10 %, salvo excepciones, y con un cargo mínimo por expedición. El importe del cargo es cobrado por el último transportista y posteriormente abonado por éste al transportista emisor del conocimiento aéreo.

Mercancías valiosas

En algunos países pueden aplicarse cargos en concepto de "seguridad de mercancías valiosas", por su aceptación, manipulación, almacenaje y traslado hacia o desde el avión o la terminal de carga.

Seguros

Las compañías aéreas deben hacer frente a las indemnizaciones causadas por daños, pérdida o retraso de las mercancías, en las cuantías máximas establecidas en la legislación nacional e internacional, según se trate, respectivamente, de uno u otro ámbito de transporte.

Cuando el valor de la mercancía es superior al máximo de indemnización que le correspondería al exportador por los daños sufridos, puede optarse por suscribir una póliza de seguro que cubra los mismos. En este supuesto, el exportador o su representante tienen dos opciones: suscribir una póliza privada o bien hacerlo con la propia compañía aérea.

Habitualmente, es recomendable realizar este seguro con la propia compañía ya que suele disponer de primas más económicas y de fácil tramitación, dado que el propio conocimiento aéreo hace también la función de póliza de seguro.

Valor mercancía	*Carga con valor igual o inferior al máximo establecido en el Convenio de Varsovia, Montreal y Ley de Navegación Aérea Española en caso de indemnización*	*Carga asegurada*	*Mercancía valiosa sin declaración de valor (véase cap. 7)*	*Mercancía valiosa con declaración de valor para el transporte (véase cap. 7)*
Cumplimentación conocimiento aéreo (AWB)	Casilla 16 "NVD". Casilla 20 "XXX" (véase cap. 7)	Casilla 16 "NVD". Casilla 20 Valor asegurado (véase cap. 7)	Casilla 16 "NVD" Casilla 20 Valor asegurado (véase cap. 7)	Casilla 16 Valor declarado para el transporte Casilla 20 "XXX" (véase cap. 7)
Prima de seguro	No aplicable. Incluida en el flete	Prima en casilla 23 y casillas 28A o 28B (véase cap. 7)	Flete con tarifa de recargo. Prima en casilla 23 y casillas 28A o 28B (véase cap. 7)	Flete con tarifa de recargo. Cargo 0,5 % sobre el valor declarado que exceda al valor de 20 USD/kg. Importe cargo en casillas 25A o 25B (véase cap. 7)
Importe indemnización	Cuantía máxima prevista en Convenio de Varsovia, Montreal y Ley de Navegación Aérea Española	Según valor asegurado	Según valor asegurado	Según valor declarado

Tabla 8.3. Límites de indemnización, cumplimentación casillas del conocimiento aéreo según el valor de la mercancía y la declaración.

3. Cargos por servicios especiales de handling

En este grupo de posibles cargos se incluyen los servicios especiales solicitados por el exportador, el importador o sus agentes y que no están incluidos entre los servicios de handling que son prestados a las compañías aéreas por los agentes handling.

Algunos de los conceptos por los que se aplican estos cargos son:

Almacenajes
Cargos por la estancia de la mercancía en el terminal de carga una vez excedido el período de franquicia establecido.

Express o urgente
Cargo de aplicación a las expediciones para las que el exportador o el importador solicita la aceptación o la entrega en tiempos inferiores a los establecidos como estándar.

Reembalajes y preparación especial de la carga
Adecuación de la carga para poder ser transportada en las condiciones establecidas.

Tramitaciones con la Administración
Estos cargos suelen producirse cuando es necesario realizar alguna gestión con la Administración en el aeropuerto de trasbordo de la carga.

Generalmente, cualquier gestión de estas características en el aeropuerto de origen o destino es realizada por el exportador, el importador o su agente. Para las gestiones que deban realizarse en el aeropuerto de trasbordo, debe tenerse en cuenta que el exportador o el importador no están presentes ni tienen la representación en un agente, por lo que la compañía aérea está obligada a resolver cualquier asunto que permita la continuidad de la mercancía en el menor plazo posible hasta su destino final.

4. Cargos por servicios en tierra ajenos al handling

Son los cargos que corresponden a acciones ajenas al propio transporte y al handling. Entre éstas cabe mencionar los servicios prestados por el agente de carga o el transitario, como los acarreos en tierra, el almacenaje, el embalaje, la gestión de despachos de aduana, etc.

Entre otros conceptos que cabe incluir en este apartado están los derechos de aduana y las tasas por inspección de los servicios de inspección en frontera.

Capítulo 9
Proceso logístico de la carga aérea

1. La logística

La logística tiene su origen en las primeras aventuras conquistadoras de los ejércitos organizados, obligados a transportar y administrar sus recursos con la mayor eficacia durante largas campañas militares.

Posteriormente, este concepto se hizo extensivo a las tareas derivadas de la comercialización de productos entre regiones aisladas que no contaban con la infraestructura necesaria para entregar sus productos en las fronteras más lejanas. Así surgieron empresas capaces de llegar hasta el cliente situado en los lugares más recónditos del planeta.

En un mercado global, en donde cada día es más fuerte la competencia, los márgenes más estrechos y las exigencias del cliente más altas, es necesaria la integración de la cadena de suministro para lograr mayores grados de efectividad, seguridad y eficacia en todos los procesos.

FACTORES DEL DESARROLLO DE LA LOGÍSTICA

Económicos	• Costos de materias primas
	• Costos del capital
	• Control y disminución de existencias
Estructurales	• Concentración horizontal de empresas
	• Especialización
	• Alianzas
	• Globalización y regionalización
Mercado	• Exigencias de flexibilización
	• Entorno cambiante
	• Calidad global

Tabla 9.1. Factores del desarrollo de las actividades logísticas.

Actualmente, el término "cadena de abastecimiento" ha evolucionado hacia el de "red global de abastecimiento" o "cadena logística".

De acuerdo con el Centro Español de Logística (CEL), "la logística es el conjunto de medidas para el suministro del producto óptimo, en la cantidad deseada, en el momento oportuno, en el sitio requerido y todo con el mínimo costo". Así pues, la logística integra los conceptos de *cantidad, calidad, tiempo, lugar* y *coste.*

Como se observa en la tabla 9.1, pueden destacarse tres factores que han motivado el desarrollo de la logística: económicos, estructurales y de mercado.

ETAPAS DE LA CADENA DE TRANSPORTE

Etapa	*Acción*	*Intervinientes*
Etapa 0	• Análisis/planificación	• Importador/Exportador
	• Operación comercial	• Agente/Transitario
		• Compañías aéreas
Etapa 1	• Preparación envío	• Exportador
		• Agente/Transitario
Etapa 2	• Entrega envío	• Exportador/Agente
	• Despacho	• Compañía aérea/Agente handling carga
		• Aduana/Servicios inspección en frontera
Etapa 3	• Preparación vuelo	• Compañía aérea/Agente handling carga
Etapa 4	• Transporte	• Compañía aérea/Agente handling rampa
Etapa 5	• Control de llegadas	• Compañía aérea/Agente handling carga
Etapa 6	• Entrega documentación	• Compañía aérea/Agente handling carga
		• Importador/Agente
Etapa 7	• Despacho y entrega	• Importador/Agente
		• Aduana/Servicios inspección en frontera
		• Compañía aérea/Agente handling carga

Tabla 9.2. Factores del desarrollo de las actividades logísticas.

Un eslabón muy importante de la cadena logística lo constituye la "cadena de transporte". El comercio requiere ineludiblemente de las operaciones de transporte, utilizando diversos modos (terrestre, marítimo o aéreo) y medios (camión, ferrocarril, barco, avión) para desarrollar operaciones complejas motivadas, en una gran mayoría de las situaciones, por las diferentes reglamentaciones de los países, normativas de transporte, procesos administrativos, etc.

Es fundamental la correcta coordinación de todos los procesos e intervinientes en las operaciones logísticas, para que el cliente reciba su mercancía en el tiempo y la forma deseada.

2. Logística del transporte aéreo de carga

En los distintos eslabones de la cadena del transporte aéreo intervienen diversos organismos, empresas, agentes económicos, etc. (véase la figura 5.2), que requieren de una correcta sincronización, definición de procesos, delimitación de actuaciones y responsabilidades, como consecuencia de la gran interrelación existente entre los mismos.

Todo el proceso de la cadena de transporte se subdivide en etapas, como se observa en la tabla 9.2, que precisan de un adecuado análisis, planificación y ejecución de las actividades de las partes intervinientes.

2.1. Etapa 0: Operación comercial, análisis y planificación

2.1.1. Operación comercial

- La etapa 0 de la cadena de transporte da comienzo con la operación comercial (compraventa de un producto), en la que se establecen los acuerdos entre el vendedor y el comprador, y cuyo contrato se perfecciona con la entrega de la mercancía al comprador.

- En una primera negociación los tratos suelen ser preliminares y están dirigidos a fijar las obligaciones y derechos de cada parte. La última fase es la de aceptación, que debe conducir a la celebración del contrato.

- Previo a la formalización de una operación de comercio, suele ser necesario realizar un análisis del transporte y otros gastos que puedan darse, con el fin de obtener una previsión de costos y servicios que se requieran.

2.1.2. Información opciones transporte

- Recopilación de toda la información sobre el envío: naturaleza de la mercancía, peso, cálculo del volumen, dimensiones, requisitos de embalaje, certificados necesarios para la exportación e importación, requisitos del país de origen, tránsito y destino.

- Posibles rutas para utilizar y costos.

- Disponibilidad de espacios, restricciones de las compañías, etc.

2.1.3. Análisis comparativo

* Con la información obtenida se analizan las distintas alternativas, hasta localizar la más ventajosa en función de los costos y el servicio requerido.

  Para el análisis comparativo de las distintas alternativas se tendrán en cuenta las tarifas y los servicios incluidos en las mismas.

2.1.4. Reserva de vuelo

* Seleccionada la alternativa más ventajosa para la realización de la operación comercial, debe procederse de inmediato a la formalización de la misma, hasta obtener la confirmación del espacio en el vuelo o los vuelos previstos de las posibles distintas compañías que intervengan en el transporte.

* La primera compañía transportista se encargará de realizar las gestiones de reserva de espacio en el resto de los tramos del trayecto, cuando intervengan otras compañías aéreas para situar el producto en su destino final.

2.2. Etapa 1: Preparación del envío

2.2.1. Preparación de la mercancía

* La preparación física del envío posee una gran importancia, con el fin de evitar problemas de incumplimiento de la reglamentación de la IATA, la OACI y las compañías transportistas, fundamentalmente en lo que se refiere al etiquetado y embalaje de la mercancía, con el fin de evitar riesgos de extravíos y deterioros en la manipulación de la mercancía.

* Una vez localizada la mercancía en el almacén, debe embalarse según las normas previstas, etiquetando cada uno de los bultos.

2.2.2. Preparación documental

* Preparación de los documentos necesarios para el transporte, despacho de exportación de la mercancía, si procede, y despacho de importación en destino, facturas, certificados, declaraciones del expedidor, etc.

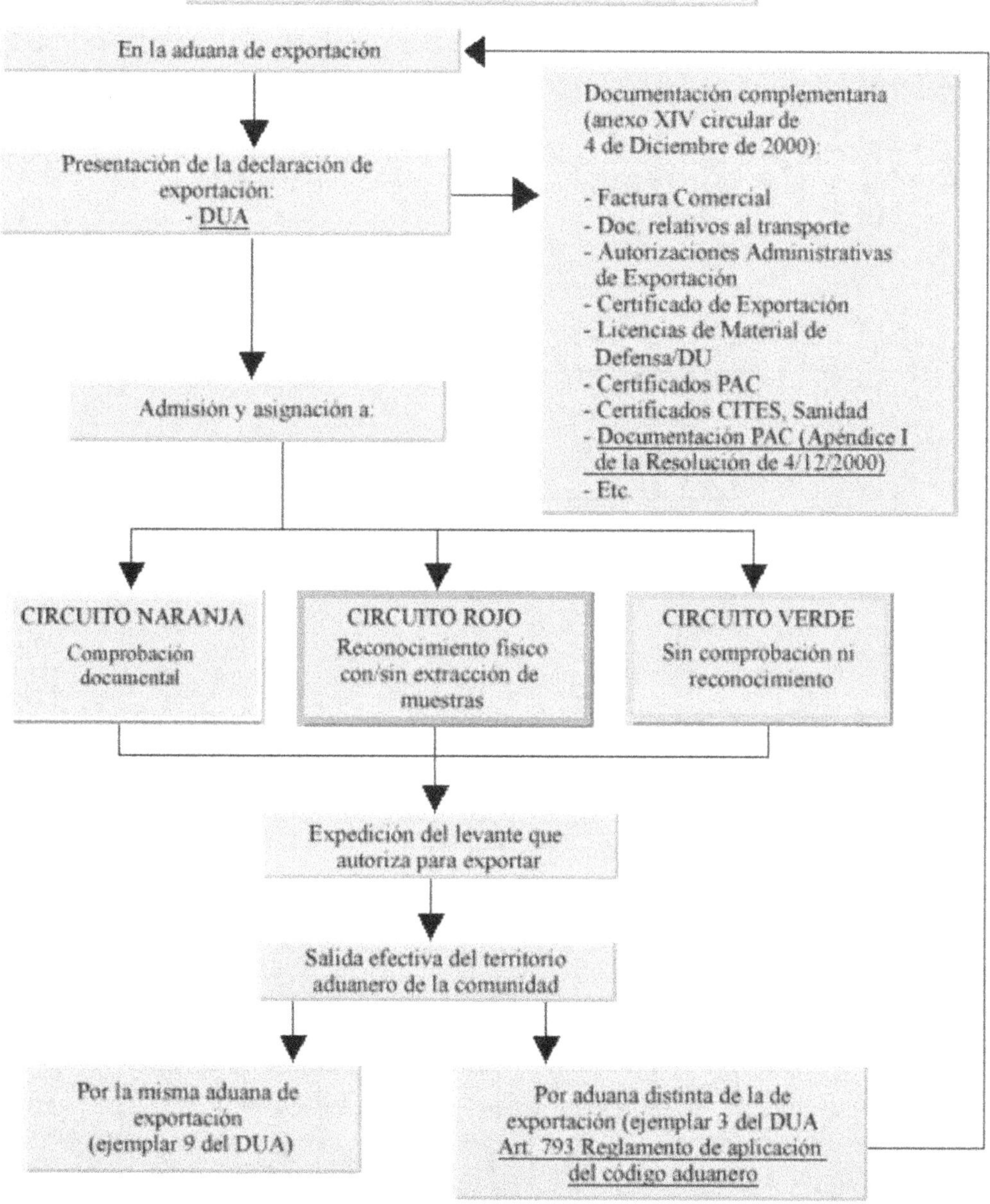

Fuente: Administración de Aduanas.

Figura 9.1. Flujograma del proceso de despacho de exportación.

- Emisión del conocimiento aéreo por el agente de carga, salvo que la operación se realice de forma directa entre el exportador y la compañía transportista; en cuyo caso la emisión del conocimiento aéreo por ésta tendrá lugar en el momento de la entrega de la mercancía en el terminal de carga.

- Realizada la preparación física y documental, procede el traslado del envío del almacén del exportador al almacén del agente de carga o al terminal de carga. Si el envío va a formar parte de un consolidado, se trasladará al almacén del agente consolidador para formarlo.

- Las mercancías en régimen de exportación deben depositarse en un almacén autorizado por la aduana, antes de proceder a la solicitud de despacho.

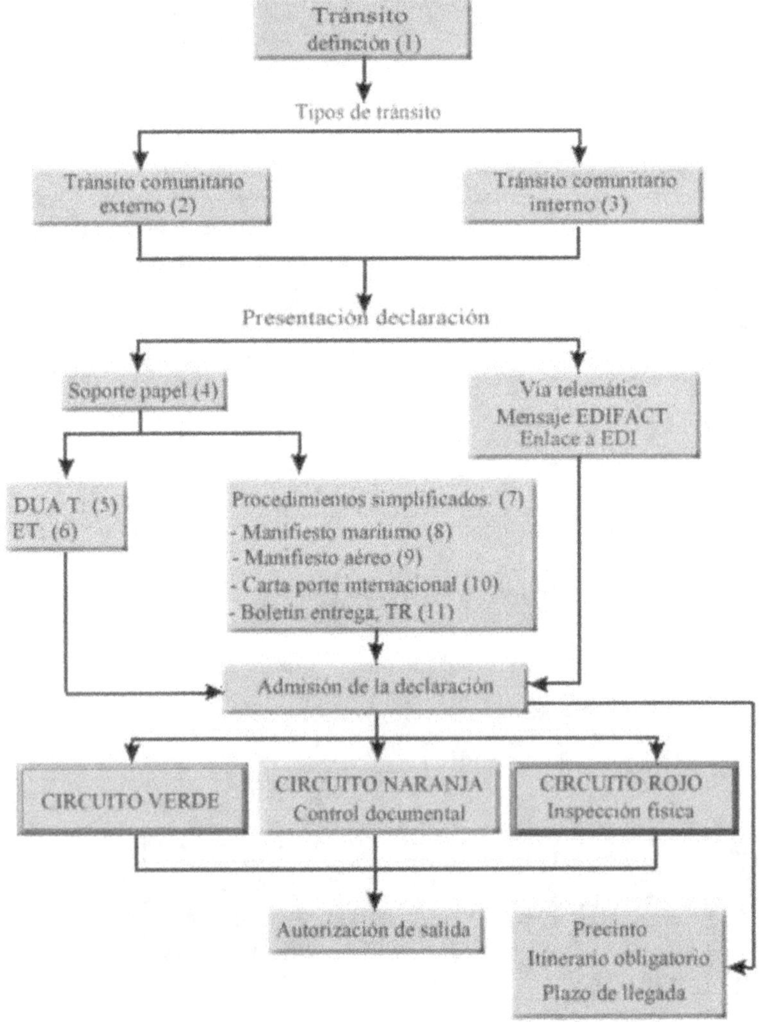

Figura 9.2. Flujograma del proceso de tránsito aduanero.

- El proceso de solicitud de despacho de aduana tiene efecto mediante la presentación a la aduana del Documento Único Administrativo (DUA).

- La solicitud de despacho puede realizarse por medios telemáticos (internet) o bien en papel, siendo en este último caso necesaria la presentación en la oficina de aduana correspondiente.

- Realizada la solicitud de despacho, la aduana contestará al despachante con el "circuito verde" (concesión de "levante" para la exportación), el "circuito naranja" (necesidad de presentación de documentación en la aduana) o el "circuito rojo" (requerimiento de inspección física de la mercancía).

   En la figura 9.1 puede analizarse el flujograma del proceso de despacho de exportación.

- Determinadas mercancías requieren los certificados de los servicios de inspección en frontera (para-aduaneros), previos a la concesión del levante por parte de la aduana. Generalmente, las inspecciones para la concesión del dictamen de estos servicios tienen lugar en los terminales de carga, siendo necesario disponer de la mercancía en el almacén para la correspondiente inspección.

2.2.3. Acarreo de la mercancía

- El acarreo es la acción del transporte terrestre de la mercancía desde el almacén del exportador.

- La mercancía se estiba en el vehículo correspondiente, para su envío y entrega en el terminal de carga o en el almacén del agente de carga o transitario. Según los acuerdos establecidos entre el exportador y el agente, esta operación será realizada por uno u otro en vehículos propios o subcontratados.

- La entrega en el terminal de carga se realizará en el del primer transportista, en el caso de que existan varias compañías que participen en el transporte, o en el del agente handling de la misma.

2.3. Etapa 2: Entrega y despacho del envío

2.3.1. Transporte terrestre

- El vehículo de transporte terrestre del exportador, agente de carga o transitario hace entrega de la mercancía en el terminal de carga. Cuando la mercancía procede de otro recinto aduanero y bajo su control, será transportada en régimen de "tránsito aduanero", con las garantías y seguridades establecidas por las autoridades aduaneras.

- Deben tenerse en cuenta los horarios de atención al público del terminal de carga y los tiempos de espera para la entrega, al objeto del cumplimiento de los tiempos mínimos y máximos de aceptación que el operador handling tenga establecidos. Éstos suelen estar fijados en función del tipo de mercancía, forma de presentación de la misma, cantidad y servicio (express). Los tiempos límite de aceptación se fijan tomando como referencia la hora programada de salida del vuelo previsto de embarque. El incumplimiento de estos tiempos puede dar lugar a rechazos en la aceptación o a cargos adicionales.

2.3.2. Aceptación documental

- Como norma general, la comprobación y aceptación documental es previa a la aceptación de la mercancía. No obstante, existen terminales de carga que tienen establecido el proceso de la aceptación física anterior a la aceptación documental. Cuando se requiere la emisión del conocimiento aéreo por la compañía transportista, dado que es necesario disponer de los datos de peso, volumen, etc., para la emisión del contrato de transporte, es preciso realizar en primer lugar la aceptación física, salvo en los casos de envíos de documentos o paquetería, que pueden ser aceptados en el mismo mostrador de emisión del conocimiento aéreo.

- El transportista del exportador, agente de carga o transitario, debe presentar la documentación a la compañía aérea o a su agente handling, para su verificación e introducción en su sistema de información de los datos de la expedición y comprobación de la reserva correspondiente, en caso de ser obligatoria. Si el exportador o agente ha realizado la transmisión de los datos por medios electrónicos, esta actividad queda reducida a la comprobación y aceptación de los documentos, agilizándose todo el proceso.

- La información de reserva de la expedición, datos del conocimiento aéreo y los reales físicos, en cuanto a número de bultos, ruta, peso, volumen, etc., deben ser coincidentes para evitar incidencias en el proceso de aceptación que pueden dar lugar a correcciones, retenciones de la mercancía o emisión de nueva documentación.

2.3.3. Recepción de la mercancía

- La recepción de la mercancía es el hecho de entrega por parte del expedidor o su agente y la aceptación de la compañía transportista.

* A partir de esta acción se transfiere la responsabilidad del agente de carga o transitario a la compañía transportista, que se convierte en depositario y por tanto asume su responsabilidad de transportista.

* Los muelles de aceptación suelen estar distribuidos en función de cómo se entregue por el agente de carga o expedidor la mercancía, zona de entrega de las unidades ULD (palés o contenedores), mercancía valiosa, express, etc.

* Descargada la mercancía, la compañía aérea o agente handling comprobará sus datos físicos y verificará que concuerden con los documentales, peso real de la expedición, volumen, dimensiones, embalajes y etiquetado, asegurándose de que cumple con todos los requisitos para ser transportada.

* En las mercancías especiales (peligrosas, animales vivos, etc.) se cumplimentará la lista de chequeo establecida a tal efecto, para asegurarse de que el envío cumple con todos los requisitos normativos.

* Finalizado el proceso de aceptación de conformidad, la compañía transportista o su agente handling harán entrega documental al exportador o a su agente, como prueba de recepción.

2.3.4. Almacenaje

* Se da la "entrada" en el sistema del almacén, clasificando las distintas expediciones en función de los recintos especiales o áreas de almacenaje establecidos, por la naturaleza de la mercancía (perecederas, valiosas, peligrosas, etc.) o por las características del envío (voluminosa, paquetería, pesada, ULD, etc.).

* El proceso de almacenaje de la mercancía en "salidas" es consecuencia de que el envío no tiene concedido todavía el levante para su embarque o bien a la falta de simultaneidad de la aceptación y la preparación física del vuelo.

* La mercancía de exportación que no haya sido despachada de aduana, quedará retenida hasta el momento de la concesión del levante de la mercancía por la aduana.

* La inspección física por parte de otros servicios distintos a la aduana requerirá la autorización de la misma, mediante la concesión del documento C-5 en el que se realizan las anotaciones correspondientes en el supuesto de retirada de muestras para análisis o pruebas.

2.4. Etapa 3: Preparación del vuelo

2.4.1. Planificación del vuelo

- La planificación del vuelo es una fase de gran importancia en todo el proceso, con el fin de cumplir los compromisos adquiridos con los clientes, evitar pérdidas irrecuperables de espacio en los vuelos y devoluciones desde el avión (retornos) por imposibilidad de embarque, con el consiguiente perjuicio para la compañía.

- En la carga aérea deben tenerse principalmente en cuenta dos factores: volumen y peso. El volumen disponible en un vuelo está en función de la capacidad del avión que opere la línea menos el espacio ocupado por el equipaje de los pasajeros (vuelos mixtos). El margen en peso disponible para la carga está condicionado, en los vuelos mixtos, por el número de pasajeros y su equipaje tanto de bodega como de mano, además de los márgenes operativos por las limitaciones de despegue, aterrizaje, plan de vuelo, etc., que afecta a todos los vuelos, sean mixtos o cargueros.

- Los estudios de previsiones de disponibilidad de espacio en cuanto a metros cúbicos de las bodegas y margen en peso para carga, se realizan tratando de asegurar en un alto porcentaje el embarque de la mercancía reservada. El proceso de revisión del espacio disponible es prácticamente continuo hasta el momento de la salida del vuelo.

- Según se aproxima la hora de salida del vuelo, las previsiones del espacio disponible son más exactas.

- Se estudia el margen comercial disponible, posiciones y tipos de ULD que podrán embarcarse, mercancía reservada y lista para el embarque, mercancía pendiente de aceptar, mercancía en trasbordo, etc.

- Expediciones que hayan sido reservadas puede que no se entreguen para su embarque *(no show);* mercancías en trasbordo (procedentes de otros vuelos) es posible que debido a problemas operativos no alcancen el tiempo de conexión *(no conex),* lo cual obliga a análisis y reajustes continuos en la planificación del vuelo.

2.4.2. Instrucciones sobre el envío

- Teniendo en cuenta la información disponible y todas las circunstancias previstas, la oficina de planificación del vuelo dará las instrucciones correspondientes al almacén para la preparación física de la mercancía.

- Las instrucciones contienen información sobre la mercancía que debe prepararse, las unidades de carga en cuanto a número y tipo, y la forma de preparación por circunstancias especiales, como expediciones voluminosas, y de facilitación de las conexiones en la escala siguiente.

- Cuando el gestor del terminal de carga es un agente handling de carga, las instrucciones suelen ser preparadas por el representante de la compañía aérea.

2.4.3. Preparación física del vuelo

- Con las instrucciones recibidas de la oficina de planificación del vuelo, el almacén localizará los envíos almacenados en los correspondientes recintos especiales o áreas de almacenaje para su estiba en las unidades de carga ULD.

- Cualquier situación que se produzca que imposibilite el cumplimiento de las instrucciones, es comunicada a planificación para su análisis, revisión y corrección de las instrucciones.

- En la preparación de las unidades de carga se tienen en cuenta la fragilidad de la mercancía, las posibles incompatibilidades, el destino (para facilitar los transbordos del tránsito en la escala siguiente) y el volumen o dimensiones, para el aprovechamiento óptimo del espacio disponible.

- Finalizada la construcción de las unidades de carga y los remolques, se pesan y etiquetan éstas con la indicación de número de vuelo, compañía, destino y peso, almacenándolas en las áreas establecidas al efecto o bien posicionándolas en las áreas de transferencia al operador handling de rampa de la compañía transportista, que es la empresa encargada del transporte hasta el avión previsto para el vuelo.

2.4.4. Documentación del vuelo

- La documentación correspondiente a las mercancías de un determinado vuelo está formada por tres grupos de documentos:
  - Documentos específicos de cada expedición (contrato de transporte, certificados, declaraciones del expedidor y documentación interna de cada envío adjunta al conocimiento aéreo).
  - Manifiesto de carga.
  - Información para el comandante de la aeronave.

- Es obligatoria la cumplimentación del "manifiesto de carga", incluso en los vuelos en que no se embarca mercancía, consistente en una relación detallada de las expediciones que transporta el avión. Dicho manifiesto tiene la finalidad de facilitar informaciones al aeropuerto de escala y a las autoridades aduaneras respecto al desembarque de la mercancía. En él se reflejan al menos los datos de:

- Nombre de la compañía aérea que transporta las mercancías.
- Número de vuelo.
- Fecha del vuelo.
- Nombre del aeropuerto de carga (origen).
- Nombre del aeropuerto de descarga (destino).

Asimismo, respecto de cada uno de los envíos incluidos en el manifiesto, se debe indicar:

- Número del conocimiento aéreo.
- Número de bultos.
- Masa bruta.
- Designación de las mercancías según su denominación comercial.

En caso de agrupamiento de mercancías, la descripción es la de "consolidación". Según establece la normativa europea, deben presentarse dos copias del manifiesto a las autoridades aduaneras del aeropuerto de partida.

- Dentro de la UE debe figurar en cada partida la clave correspondiente a la condición aduanera:

T1	Mercancías que circulan al amparo del régimen aduanero de tránsito comunitario externo. Origen en un tercer país, circulando por la UE
TF	Mercancías que circulan al amparo del régimen de tránsito comunitario interno. Circulaciones especiales según la Directiva 77/388/CEE
TD	Mercancías incluidas en un régimen de tránsito aduanero, con tipo y número de documento
C	Mercancías comunitarias cuyo estatuto comunitario pueda justificarse
X	Mercancías comunitarias para exportar que no estén incluidas en un régimen de tránsito aduanero

Tabla 9.3. Códigos de identificación de la condición aduanera de las mercancías en la UE.

Estos códigos deben figurar en la casilla "SCI" del conocimiento aéreo y tienen el carácter de declaración del expedidor.

- El contenido del manifiesto corresponde al modelo que figura en el Apéndice 3 del Anexo 9 del Convenio sobre la Aviación Civil Internacional.

- El envío del manifiesto a la aduana cumple la función de "declaración sumaria", y puede entregarse en papel o bien realizando su envío por sistemas telemáticos.

MANIFIESTO DE CARGA
CARGO MANIFEST

I C A O
ANNEXE. 9
APP . 3

PROPIETARIO O EXPLOTADOR
OWNER OR OPERATOR

AVION
AIRCRAFT   Matricula y nacionalidad
(Registration Marks and Nationality)

VUELO N.°
FLIGHT N °

FECHA
DATE

PUNTO DE EMBARQUE
POINT OF EMBARKATION
Lugar y Pais
(Place and Country)

PUNTO DE DESEMBARQUE
POINT OF DISEMBARKATION
Lugar y Pais
(Place and Country)

NUMERO DE LA CARTA DE PORTE AEREO / AIR WAYBILL NUMBER	NUMERO DE BULTOS / NUMBER OF PACKAGES	NATURALEZA DE LAS MERCANCIAS / NATURE OF GOODS	PARA USO EXCLUSIVO DEL PROPIETARIO O EXPLOTADOR / FOR USE BY OWNER OR OPERATOR ONLY		SOLO PARA USO OFICIAL / FOR OFFICIAL USE ONLY
			PESO BRUTO / GROSS WEIGHT	OBSERVACIONES / REMARKS	

PREPARADO POR
Prepared by

PAGINA
Page

DE
of

PAGINAS
Pages

Figura 9.3. Modelo de impreso de "manifiesto de carga".

MANIFIESTO DE TRANSBORDO DE FLETE AEREO
(AIR CARGO TRANSFER MANIFEST)

Aeropuerto ________________ Fecha ________________ Transbordado a ________________
(Airport)   (Date)   (Transferred to)   Nombre del porteador receptor
                                                                        (Name of receiving carrier)

Carta de porte número (Air waybill number)	C/P (AWB) Aeropuerto de destino (Destination Airport)	Núm. de bultos (Number of packages)	PESO (Weight) (Especifíquese lbs. o kgs.) (Specify lbs. or kgs.)	OBSERVACIONES (Remarks)

Recibidas las anteriores consignaciones en completo y aparente buen orden, excepto lo anotado en la columna de «Observaciones».

(Above consignments received in full and apparent good order and condition except as noted in the «remarks» column.)

Transbordado por ________________   Recibidas por ________________
(Transferred by)   Nombre del porteador transbordador   (Received by)   Nombre del porteador receptor
                    (Name of transferring carrier)   (Name of receiving carrier)

Por ________________   Por ________________
(By)   Firma   (By)   Firma
                  (Signature)   (Signature)

                                             Hora ________________ Fecha ________________
                                             (Time)   (Date)

Figura 9.4. Modelo de impreso de "manifiesto de transbordo de flete aéreo".

- Cuando se transfieren mercancías de una compañía a otra para hacerlas continuar a su destino, éstas se reseñan en el documento denominado "manifiesto de transferencia", que firman los representantes de ambas compañías para constancia de la entrega y su conformidad o reparos. Para las compañías aéreas, el manifiesto de transferencia sirve además para la función interna de aplicar los cargos por el transporte realizado a la compañía emisora del conocimiento aéreo, a través del sistema de compensación de la IATA *(clearen-house)*.

- El documento "información al comandante" tiene por objeto informar al comandante de la aeronave sobre el embarque de mercancías especiales (peligrosas, perecederas, animales vivos, valiosas, etc.), con el fin de que adopte las medidas que considere oportunas en cuanto a seguridad y climatización de bodegas.

2.4.5. Información a la compañía aérea

- Finalizada la preparación física y documental de la mercancía, y puesta a disposición del agente handling de rampa, se informa a la oficina de operaciones de la compañía aérea de todos los datos necesarios para la planificación de la carga y centrado del avión, con el fin de que ésta curse las instrucciones correspondientes al agente handling de rampa para la estiba en las distintas bodegas.

- La información que se transmite a la compañía aérea se corresponde con el número de unidades de carga, el tipo, el peso de cada unidad, las mercancías especiales que puedan existir y el peso total de la expedición, así como las escalas de desembarque de cada una de las unidades.

- Para facilitar esta información, actualmente se utilizan las comunicaciones vía mensaje electrónico o de acceso directo al sistema de información de carga de la compañía aérea.

2.5. Etapa 4: Transporte y carga/descarga

2.5.1. Carreteo

- En términos aeronáuticos se denomina "carreteo" al servicio de transporte de la mercancía, correo y documentación desde o hacia la terminal de carga o el avión. Esta actividad está encomendada al agente handling de rampa, quien a su vez es la empresa encargada de realizar la carga y descarga del avión, aunque el personal dedicado a cada una de estas actividades no suele ser el mismo.

- En el carreteo se utiliza un vehículo tractor y equipos rodantes dotados de sistema de enganche, con el fin de formar un tren y realizar el transporte simultáneo de varias unidades.

Figura 9.5. Carreteo de unidades de carga ULD.

- Si por razones operativas de último momento no se ha podido embarcar la totalidad de la mercancía, se procede a la devolución de ésta al terminal de carga para su control, actualización de la información en la aplicación informática y acoplamiento en un nuevo vuelo.

2.5.2. Carga y descarga

- La carga y descarga del avión incluye la función de estibar y desestibar el equipaje de los pasajeros, la mercancía y el correo, en o de las bodegas del avión, respectivamente. Como se indicó anteriormente, dependiendo del tipo de avión y de si la mercancía es transportada en ULD o bien a granel, el sistema y los medios para la carga o la descarga son totalmente distintos. Para el caso de mercancías a granel suele emplearse una cinta transportadora, en tanto que para las unidades de carga ULD se utiliza una plataforma elevadora.

Figura 9.6. Cinta transportadora para la carga y descarga de graneles.

Figura 9.7. Plataforma elevadora para la carga y descarga de unidades ULD.

2.6. Etapa 5: Control de llegadas

2.6.1. Control de documentos

- La documentación que en la salida de los vuelos se ha enviado al avión para la escala de desembarque será recibida en el aeropuerto de descarga de la mercancía. El primer eslabón del proceso consiste en verificar que la documentación se ha recibido en su totalidad.

- El terminal de carga recibe el manifiesto en papel preparado en la escala de origen, si bien previamente ya ha tenido acceso al manifiesto del sistema de información.

- Es obligatoria la presentación del manifiesto de llegada a la aduana, la denominada "declaración sumaria", con el contenido de la mercancía de llegada.

- El sistema de aplicación de manifiestos de descarga de la aduana permite su transmisión antes de la llegada del vuelo mediante mensajes EDI, lo que se denomina "predeclaración", que deberá ser confirmada o corregida una vez sea descargada y controlada la mercancía.

- En este proceso se completa la información requerida por la aplicación informática del agente handling de carga y se prepara para su entrega al importador o su agente autorizado.

2.6.2. Control y almacenaje

- El almacén realiza un contraste del manifiesto con la mercancía recibida, con el fin de detectar cualquier falta parcial o total, posibles problemas de rotura por defectos de embalaje u otros, procediendo a su clasificación y almacenaje en los recintos y áreas establecidas para cada mercancía.

2.6.3. Notificación de llegadas

- La compañía aérea está obligada a notificar al importador la llegada de la mercancía. Habitualmente, existen dos sistemas de notificación:
  - En el caso de importadores con autorización estable de entrega de la documentación a un agente autorizado, éste es el responsable de recibir la notificación de llegada de la mercancía, para lo cual deberá requerir al menos una vez al día la entrega de los documentos de los importadores que tienen concedidas las autorizaciones a su favor.

- En el supuesto de importadores que no tienen concedida autorización a favor de un agente, la compañía aérea enviará una notificación de llegada al importador por el medio que considere más oportuno y eficaz.

2.7. Etapa 6: Entrega de documentación

2.7.1. Solicitud de documentación

- El agente de carga autorizado, el importador que haya recibido el aviso de llegada o tenga conocimiento previo del envío, o la persona autorizada por el mismo debidamente acreditada, debe solicitar en el terminal de carga la correspondiente documentación de la expedición para realizar, en caso necesario, el despacho de la mercancía y proceder a la retirada del envío.

2.7.2. Abono de cargos

- Previo a la entrega de la documentación, el importador o su agente autorizado deben hacer frente al pago de todos los cargos originados por el transporte, en caso de que éstos existan (portes debidos, tasas, etc.), o en los que se haya incurrido por la permanencia de la mercancía en el almacén superando el período de franquicia establecido por el agente handling.

- Las compañías aéreas y los agentes handling suelen establecer el sistema de pago diferido mediante crédito para los importadores o agentes que cumplan con unas condiciones reglamentadas (normalmente exigencia de una garantía). En este supuesto, el agente handling facturará los cargos al agente o importador por el sistema acordado y en los plazos establecidos.

2.7.3. Entrega de documentación

- El agente handling procede a la entrega de la documentación al importador o agente autorizado con el fin de que éste inicie los trámites de despacho o retirada de la expedición.

- Cuando se trate de expediciones interiores de un consolidado la compañía aérea no podrá hacer entrega de la documentación al importador. En este caso será el agente desconsolidador quien haga la entrega, dado que la compañía aérea no tiene acceso a la documentación interior de cada partida de que se compone el consolidado.

2.8.   Etapa 7: Despacho y entrega envío

2.8.1. Despacho de aduana

- En las mercancías que requieren autorización de la aduana para ser retiradas del almacén, el importador o agente procederán a la solicitud de despacho o de traslado a otro recinto aduanero. Al igual que en la exportación, la solicitud de despacho (concesión de levante) se realiza presentando cumplimentado el documento único administrativo (DUA). Este proceso, como se ha indicado para la exportación, puede realizarse a través de sistemas telemáticos.

- En la figura 9.9 se puede ver un completo flujograma de "despacho de importación".

- Si, por la naturaleza de la mercancía es preceptivo el dictamen de los servicios de inspección en frontera (sanidad, agricultura, etc.), deberá solicitarse su intervención y la autorización de la aduana en el documento C-5.

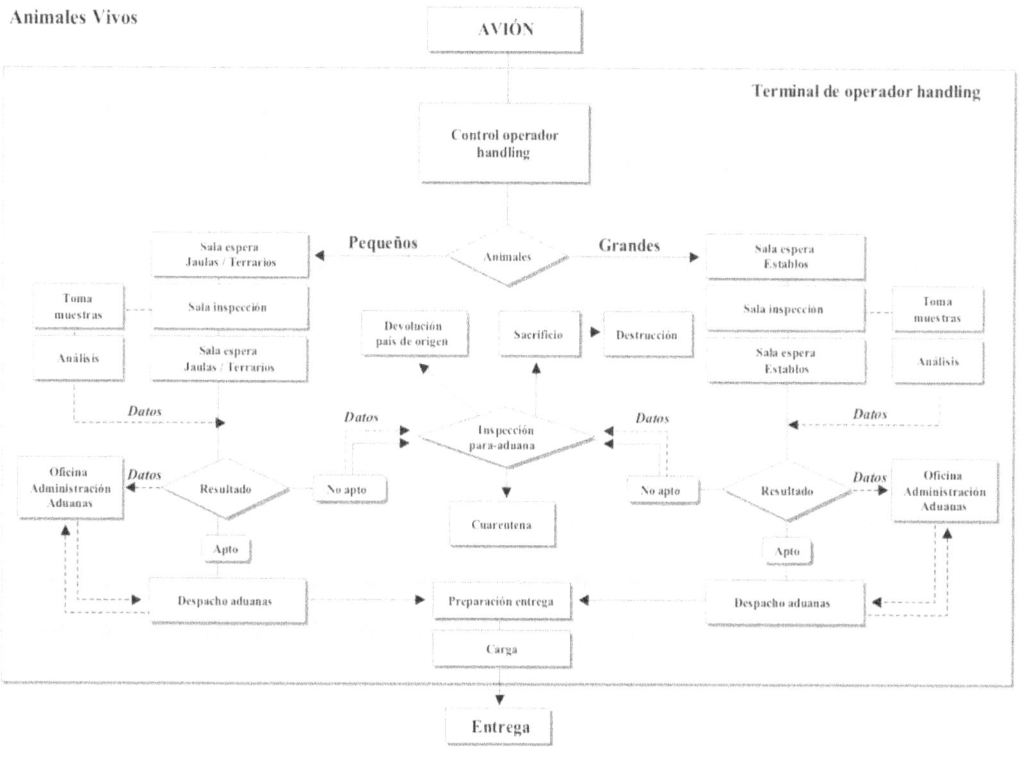

Figura 9.8. Flujograma de la inspección de animales vivos.

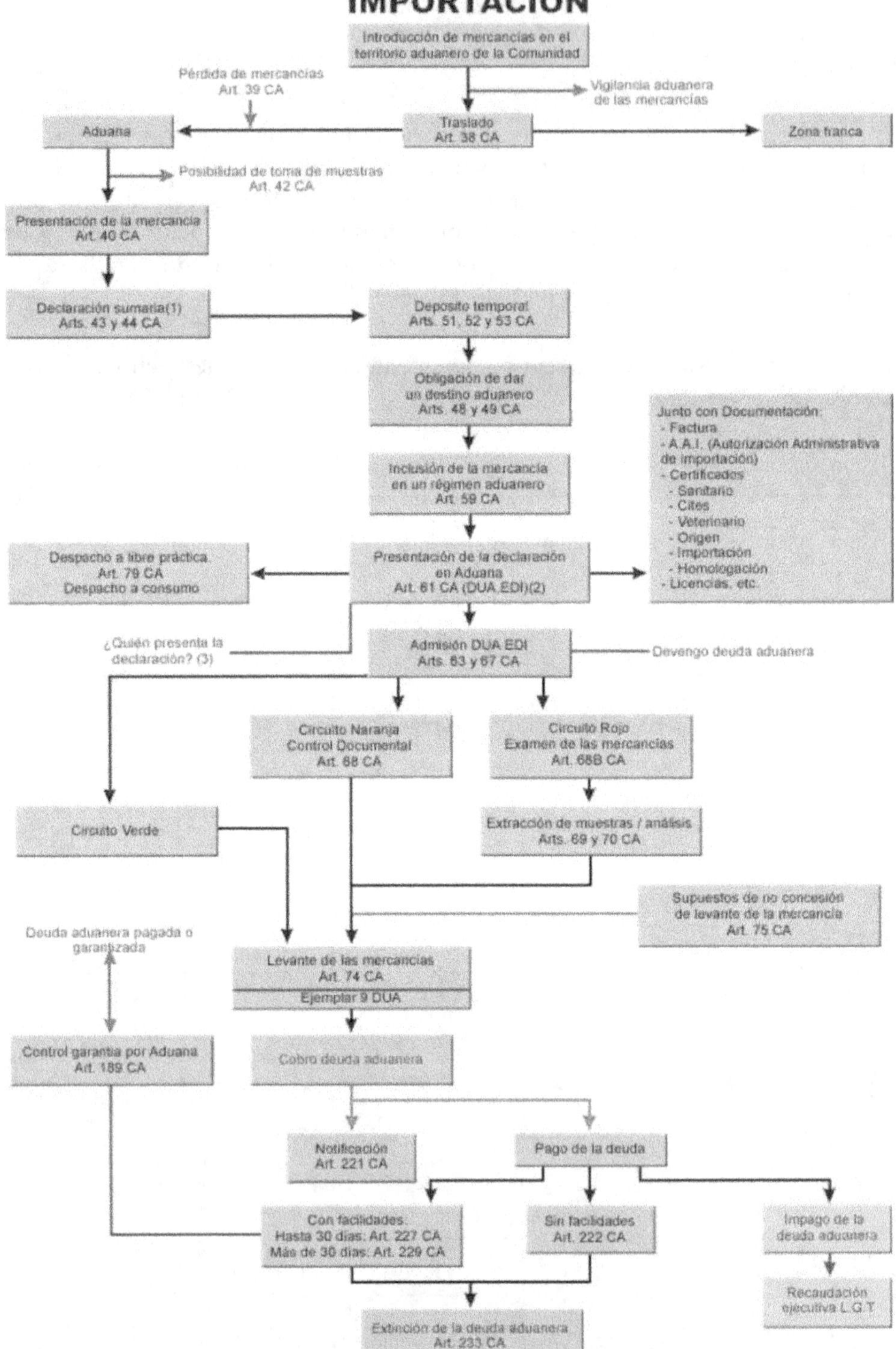

Figura 9.9. Flujograma de "despacho de importación".

- Los animales vivos, los productos de origen animal de consumo humano y no consumo humano y los vegetales, sólo puede introducirse en la UE a través de los aeropuertos autorizados como PIF, y las inspecciones serán efectuadas en las instalaciones de los centros autorizados de los mismos.

  En la figura 9.8 se muestra el flujograma de la inspección de animales vivos.

  Para el caso de las inspecciones de productos de origen animal de consumo humano y no consumo humano, su flujograma se muestra en la figura 9.10.

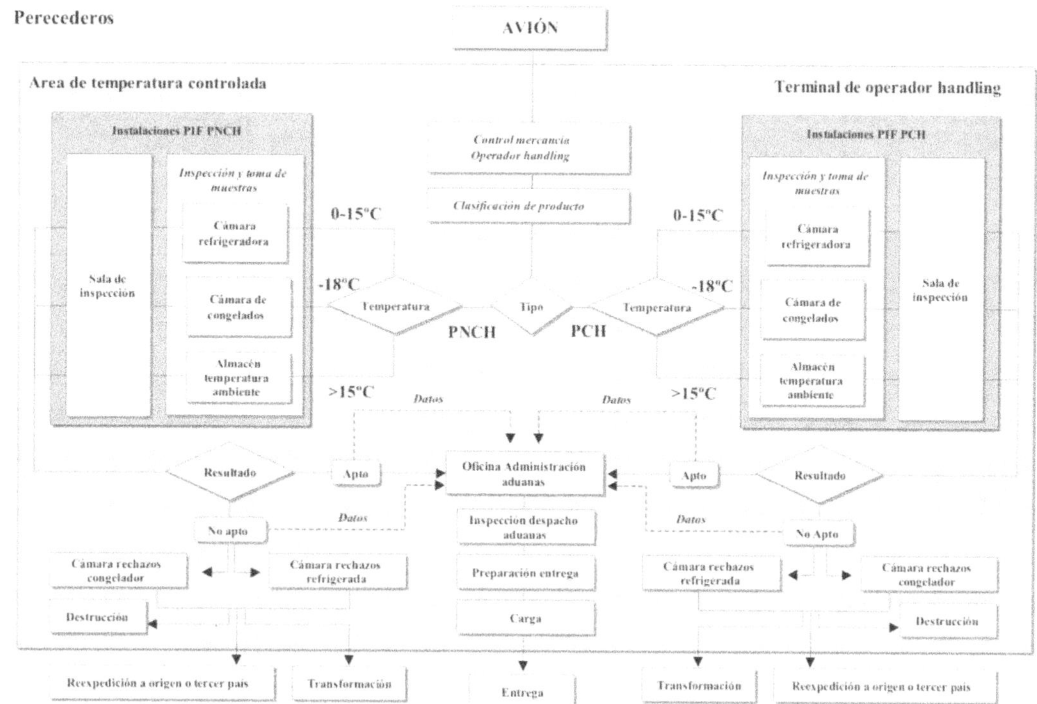

Figura 9.10. Flujograma de la inspección de productos de origen animal de consumo humano y no consumo humano.

2.8.2. Petición de la mercancía

- Una vez obtenida la autorización de la aduana, puede solicitarse a la compañía aérea la entrega de la mercancía, en el muelle correspondiente del almacén de la terminal de carga.

2.8.3. Recepción de la mercancía

- El agente handling de carga localiza la mercancía en el almacén y se la entrega al importador o agente autorizado, quien debe de firmar el conforme y recepción de la misma.

IBERIA **IB** LINEAS AEREAS DE ESPAÑA	PARTE DE IRREGULARIDADES (IRREGULARITY REPORT) CARGA/CARGO y CORREO/MAIL	P. I. R.

<table>
<tr><td colspan="3">DE/FROM</td><td colspan="3">FECHA/DATE</td><td rowspan="2">Especificar otras irregu-laridades/Specify other irregularities.</td></tr>
<tr><td colspan="3" rowspan="2">Carga/Cargo
Conocimiento Aéreo N.º/AWB - No.

Correo/Mail</td><td colspan="3">Táchese lo que no proceda/Delete if not applicable</td></tr>
<tr><td>Perdido/Lost</td><td>Encontrado/Found</td><td>Dañado/Damaged</td></tr>
<tr><td colspan="3">Este informe se envía a:

This report is sent to:</td><td colspan="2">Naturaleza del embalaje/Interior-Exterior
Nature of the packing/Inside-Outside</td><td colspan="2">Calidad del embalaje
Quality of packing</td></tr>
<tr><td colspan="3">Aeropuerto de Salida/Airport of Departure</td><td colspan="2">Número de bultos/Number of pieces</td><td>Contenido
Contents</td><td>Peso/Weight Diferencia de peso Difference in weight</td></tr>
<tr><td colspan="3">Vuelo-Fecha/Flight-Date</td><td colspan="2">Marcas y números/Marks and numbers</td><td colspan="2">Clase de etiquetas/Kind of labels or stickers</td></tr>
<tr><td colspan="3">Aeropuerto de destino/Airport of destination</td><td colspan="2">Valor de la expedición/Value of shipment</td><td colspan="2">Destinatario informado
Consignee informed

SI/NO   YES/NO</td></tr>
<tr><td colspan="3">Vuelo y fecha de llegada/Flight and date of arrival</td><td colspan="4">Nombre y dirección del remitente/Consignor's name and address</td></tr>
<tr><td colspan="3">Fecha de entrega/Date of delivery</td><td colspan="4">Nombre y dirección del destinatario/Consignee's name and address</td></tr>
<tr><td colspan="3">Si es concerniente a animales vivos, dé su opinión acerca de. ....

If regarding to live animals give your opinion about. ....</td><td colspan="4">Embalaje/Packing
Nº de animales por caja/No. of animals per cage
Lugar de estibación/Place of stowing</td></tr>
<tr><td colspan="7">Otros detalles que pueden aclarar la irregularidad/Any further details which may elucidate the irregularity</td></tr>
<tr><td colspan="7">El parte de irregularidad no se considerará como documento inicial de reclamación, debiendo efectuarse la misma por escrito dentro del plazo marcado/Irregularity report shall not be considered as an initial claim, the same having to be made in writing within the due term</td></tr>
<tr><td colspan="3">DE/FROM</td><td>A/TO</td><td colspan="3">REFERENCIA/REFERENCE
Conocimiento Aéreo N.º/AWB No.</td></tr>
</table>

INFORME/REPOR·

Figura 9.11. Modelo de "parte de irregularidades".

- De existir discrepancias por falta de bultos, deterioro de la mercancía o cualquier otro motivo, el receptor deberá hacerlo constar en el momento de la recepción y solicitar constancia escrita de la anomalía mediante un formulario de "parte de irregularidades" (véase la figura 9.11), con el fin de gestionar posteriormente la reclamación que corresponda. En el momento de la recepción de conformidad finaliza la responsabilidad de la compañía transportista.

2.8.4. Transporte al destino final

- Se procede a la carga de la mercancía en el vehículo de transporte y su traslado al almacén del importador o agente consignatario.

- La carga en el vehículo deberá ser realizada por el importador o su agente. La petición de que sea efectuada por el agente handling o la utilización de sus equipos de manutención suelen estar sometidos a disponibilidad y cargos adicionales.

3. Incidencias en el transporte

Se consideran incidencias en el transporte las circunstancias que han producido que la mercancía no llegue en tiempo y forma al destinatario final.

En todo transporte, las causas que originan las incidencias pueden ser muy diversas. No obstante, en el transporte aéreo de carga éstas se encuentran localizadas en parámetros que proporcionan un alto grado de fiabilidad.

Como puede verse en la figura 9.12, los tres grandes grupos de incidencias más frecuentes son motivados por "demoras", "extravíos" y "averías".

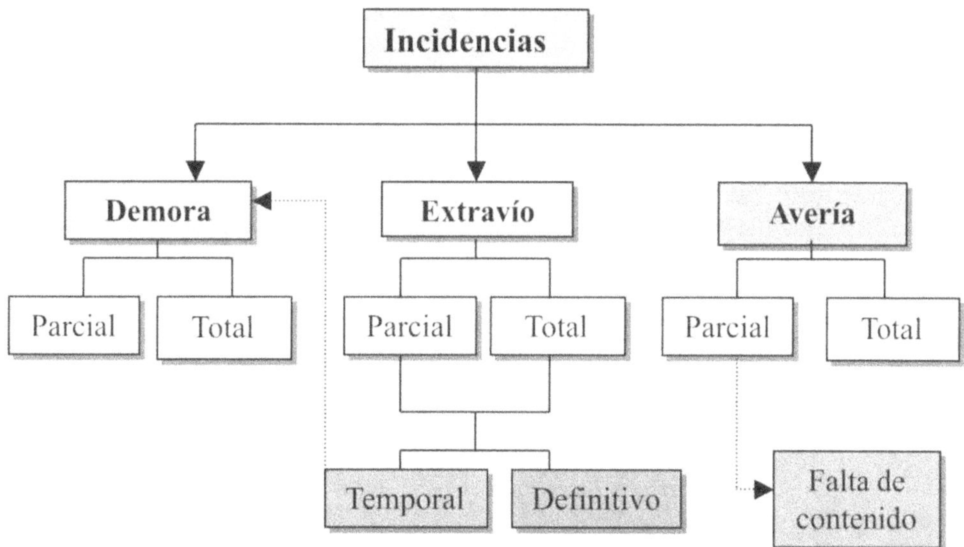

Figura 9.12. Tipos de incidencias más frecuentes en el transporte aéreo de carga.

- En todos los casos, la incidencia puede afectar a la totalidad del envío o a parte del mismo.

- En el supuesto del extravío se entiende que, si es temporal, se convierte en

una demora, puesto que para el cliente no será extravío en tanto no trans-
curra el período en el cual se considera como extravío definitivo y corresponda algún tipo de indemnización.

— Las averías pueden ser por deterioro de la mercancía, rotura, falta de contenido, etc.

— No se contempla en estas incidencias la falta de documentación. Este supuesto es fácilmente subsanable y su resolución requiere de un tiempo mínimo
que no suele producir un perjuicio significativo al cliente, salvo en la
necesidad de requerir la presentación de documentos originales, como en el
caso de los certificados sanitarios.

Las indemnizaciones máximas establecidas en la Ley de Navegación Aérea española y el Convenio de Montreal que corresponden por las incidencias, así como los
plazos para presentar la reclamación por escrito y en los que prescribe la acción de
reclamación se reflejan en la tabla 9.4.

INCIDENCIA	EN TRÁFICO NACIONAL	EN TRÁFICO INTERNACIONAL
Pérdida	Hasta el límite de 17 **derechos especiales de giro,** por kilo de peso bruto (Art. 3 Real Decreto 37/2001 de 19 enero. BOE 29 del 2 de febrero 2001)	Hasta el límite de 17 **derechos especiales de giro,** por kilo de peso bruto (Art. 22.3 del Convenio de Montreal)
Avería	Hasta el límite de 17 **derechos especiales de giro,** por kilo de peso bruto (Art. 3 Real Decreto 37/2001 de 19 de enero. BOE 29 del 2 de febrero 2001)	Hasta el límite de 17 **derechos especiales de giro,** por kilo de peso bruto (Art. 22.3 del Convenio de Montreal)
Retraso	Hasta el límite de una cantidad equivalente al precio del transporte (Art. 3 Real Decreto 37/2001 de 19 de enero. BOE 29 del 2 de febrero 2001)	Hasta el límite de 17 **derechos especiales de giro,** por kilo de peso bruto. (Art. 22.3 del Convenio de Montreal)

PLAZOS	EN TRÁFICO NACIONAL	EN TRÁFICO INTERNACIONAL
Para presentar reclamación por escrito	10 días A partir de la entrega o a la fecha en que debió entregarse (Art. 124 Ley 48/1960 sobre Navegación Aérea)	Pérdida: 21 días Retraso: 21 días Avería: 14 días (Art. 31.2 del Convenio de Montreal)
Para ejercitar la acción de reclamación	Prescribe a los seis meses la acción para exigir el pago (Art. 124 Ley 48/1960 sobre Navegación Aérea)	Se extingue a los dos años (Art. 35.1 del Convenio de Montreal)

Tabla 9.4. Indemnizaciones y plazos de presentación de reclamaciones
por incidencias en el transporte aéreo de carga.

- Las indemnizaciones indicadas como máximas son las que corresponden por la responsabilidad en que incurren las compañías aéreas y cuyo seguro está incluido en el flete de la carga.

- En los envíos asegurados y el valor declarado para el transporte por los que se haya pagado una prima especial, los límites serán las cantidades aseguradas o el valor declarado.

4. Mercancía no entregada, rehusada y abandonos

Por muy diversas circunstancias puede darse el caso de que el destinatario no se haga cargo de la mercancía (no es localizado, renuncia a la mercancía, no es autorizado para el despacho, etc.); con lo que el expedidor recobra el derecho a la disposición de la mercancía.

Para poder ejercer el derecho de disposición de la mercancía, el expedidor o su agente autorizado deberán recibir notificación de que el destinatario no retira la mercancía y de las causas en que se ha producido. En la figura 9.13 puede verse un modelo de comunicado de "envío pendiente de entrega". A la vista de la información, el expedidor determinará y cursará las instrucciones que considere oportunas a la compañía emisora del conocimiento aéreo.

Si el expedidor no contesta o rehúsa a la disposición de la mercancía, se produce lo que se denomina un "abandono". En caso contrario, el expedidor dispone de la mercancía, optando por solicitar su retorno a origen haciéndose cargo de los gastos que se deriven o bien reexpedirla a otro destino e importador.

5. Seguridad en el transporte de aviación civil

La OACI, en su Anexo 18, establece una serie de normas y recomendaciones sobre la seguridad del transporte de aviación civil.

Igualmente, la Conferencia Europea de Aviación Civil (CEAC), en el documento 30, fijó una serie de normas relacionadas con todas las actividades aeroportuarias y, entre ellas, con la carga aérea.

La UE aprobó el Reglamento 2320/2002 del Parlamento Europeo y del Consejo de 16 de diciembre de 2002, mediante el cual se establecen normas comunes para la seguridad de la aviación civil, cuya base legislativa es el citado documento 30 de la CEAC.

En el citado Reglamento se obliga a todos los Estados miembros a designar una autoridad competente, elaborar un "programa nacional de seguridad para la aviación civil" que cumpla con lo establecido en el mismo, un "programa nacional de control de calidad" que garantice la eficacia de su propio programa de seguridad y un "programa nacional de formación".

Muy Sres. nuestros:

ASUNTO: Su envío 075/   **FECHADO**

Según un parte de irregularidad recibido de ....

.... su envío citado en referencia se encuentra pendiente de entrega por las siguientes razones:

☐ El destinatario no responde a los avisos de llegada.

☐ El destinatario es desconocido en la dirección expresada.

☐ La dirección del envío es incompleta.

☐ El destinatario se niega a pagar los gastos de transporte.

☐ El destinatario rehusa la mercancía.

☐ La mercancía ha causado abandono.

☐ La mercancía está ocasionando gastos de almacenaje.

☐ La mercancía está en la Aduana pendiente de ser retirada.

☐ La mercancía devenga los siguientes gastos:

☐ Otros motivos:

Les rogamos nos hagan saber sus instrucciones sobre la conducta a seguir y en espera de sus gratas ordenes, quedamos a su disposición saludándoles muy cordialmente.

Figura 9.13. Ejemplo de comunicado de "envío pendiente de entrega".

Por lo que respecta a la carga aérea, se establece que debe ser objeto de controles de seguridad, los cuales están en función del tipo y la naturaleza de la mercancía, del expedidor y del agente acreditado. Estos agentes serán designados, aprobados o incluidos en un registro por la autoridad competente, siempre que cumplan con los requisitos que establezca el programa nacional de seguridad de cada país.

Las compañías aéreas deben presentar a su vez su propio programa de seguridad a la autoridad competente, el cual estará en consonancia con el programa nacional.

Por otro lado, los agentes acreditados podrán reconocer a un expedidor como "expedidor reconocido". No obstante, en cualquiera de los casos sus mercancías estarán sometidas a las medidas de seguridad que para cada circunstancia establezcan los programas nacionales de seguridad.

Capítulo 10
Sistemas de información

Si hacemos un análisis de las distintas tipologías de empresas y organismos que intervienen en la cadena logística del comercio exterior y, en particular, en la cadena de transporte, podemos observar que la práctica totalidad de éstas disponen de sistemas de información.

En una cadena, ninguna actividad debe considerarse como un hecho aislado, sino que los distintos eslabones están enlazados con una gran interdependencia, tanto en los flujos de materiales, como en los de documentación e información.

La velocidad del transporte aéreo ha aumentado considerablemente en los últimos cincuenta años; sin embargo, el tiempo invertido en el conjunto de la cadena de transporte no ha seguido el mismo ritmo. En consecuencia, se hace necesario proceder a una reducción de los tiempos operativos en tierra, sobre la base de una mayor coordinación de todos los eslabones, mediante la transmisión electrónica de documentos e información. Los avances tecnológicos, permiten aplicar soluciones que agilicen estos procesos.

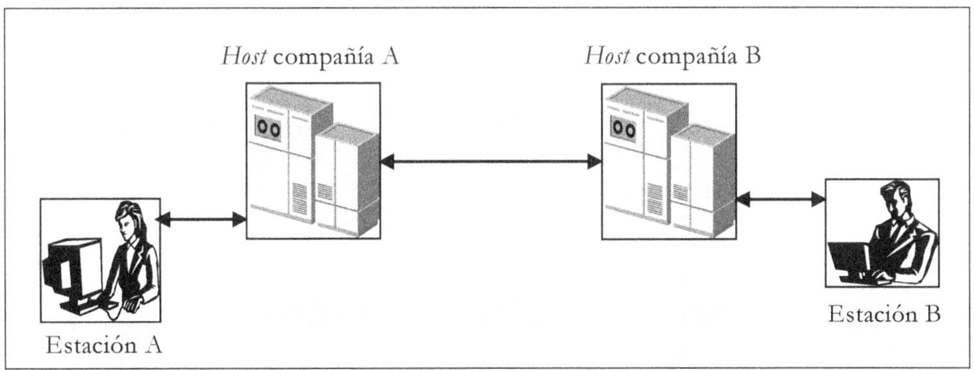

Figura 10.1. Esquema de flujos de información entre compañías aéreas.

Puede afirmarse que nos encontramos ante un problema que no es de carácter técnico, sino de integración de intereses y voluntades, para que la información circule a los lugares precisos, en la forma adecuada y en el tiempo requerido.

Desde hace muchos años, las compañías aéreas disponen de sistemas de información que les permite una gestión eficaz. Posteriormente, mediante sistemas promovidos por la IATA, se avanzó hacia la interconexión entre compañías para transmitir la información mediante mensajes estandarizados y aceptados por la industria, que en el caso de la carga aérea están recogidos en el *Cargo Interchange Message Procedure Manual* de la IATA (Cargo-IMP).

Mediante estos mensajes se realizan las más diversas operaciones de transmisión de información: reservas de espacio, conocimiento aéreo, manifiesto del vuelo, situación de cada expedición, etc.

Las aduanas suelen disponer de sus propios sistemas de procesamiento y transmisión de la información de los despachos de las mercancías y de las operaciones aduaneras.

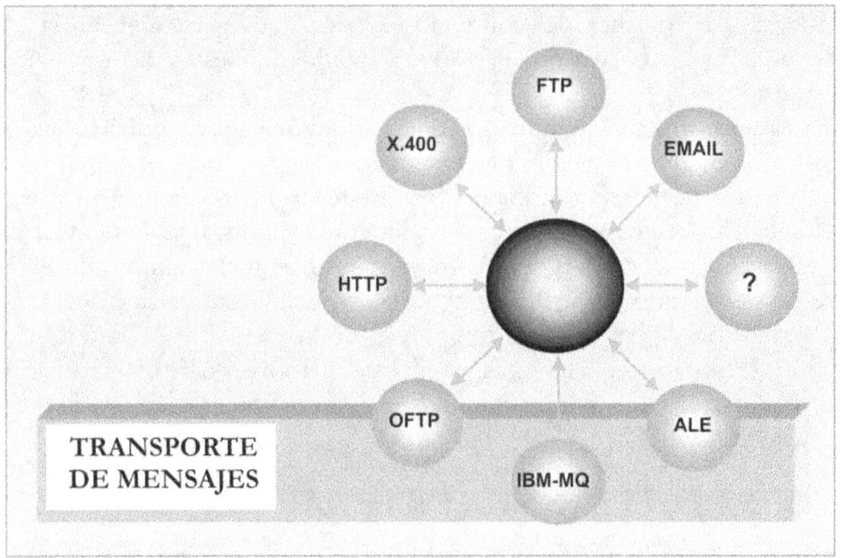

Figura 10.2. Transporte de mensajes a través de los Cargo Community System *(CCS).*

Otras organizaciones y empresas disponen de sus propios sistemas de información, todos ellos adaptados a sus necesidades de gestión y operativa.

Sin embargo, para una gestión eficaz de la cadena logística es necesario salir al exterior y transmitir o recibir información de otros intervinientes. El problema que se plantea en muchas ocasiones es el de la disparidad de sistemas, lenguajes, etc., que hacen inviable una comunicación directa entre los distintos sectores.

Para solucionar estos problemas de intercomunicación entre distintas empresas del negocio de la carga aérea, sectores y organismos, se desarrollaron los denominados *Cargo Community System* (CCS). Su objetivo es hacer posible la comunicación entre las distintas partes, que pueden incluir desde el exportador hasta el importador, pasando por todos los eslabones de la cadena. Para ello, los CCS resuelven dos aspectos fundamentales (véanse las figuras 10.2 y 10.3): el transporte y la traducción de mensajes.

Los CCS disponen de los distintos sistemas de comunicaciones existentes en el mercado para el envío de los mensajes, y también de capacidad de traducción de los distintos formatos de mensajes para que sean admitidos por el sistema del receptor.

1. ¿Qué ofrece un CCS?

Un CCS ofrece un conjunto de soluciones adaptables a las necesidades de la comunidad logística en el ámbito del transporte aéreo de carga:

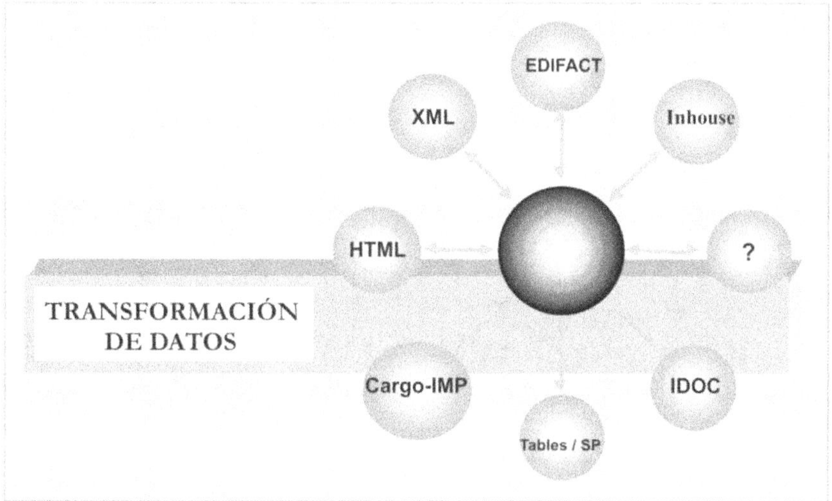

Figura 10.3. Traducción de mensajes a través de un Cargo Community System *(CCS).*

— Enlace mundial de comunicaciones.

— Transmisión de mensajes al destinatario y en la secuencia correcta.

— Conversión de mensajes a otros protocolos.

— Compatibilidad con varias normas y protocolos.

— Acceso a internet.

— Direccionamiento simplificado para el autor.

— Múltiples destinatarios.

— Garantía de protección de datos.

— Acceso restringido a usuarios autorizados.

En definitiva, un CCS es un sistema de enlace y transmisión de comunicaciones de todos los intervinientes en la cadena de transporte con el fin de:

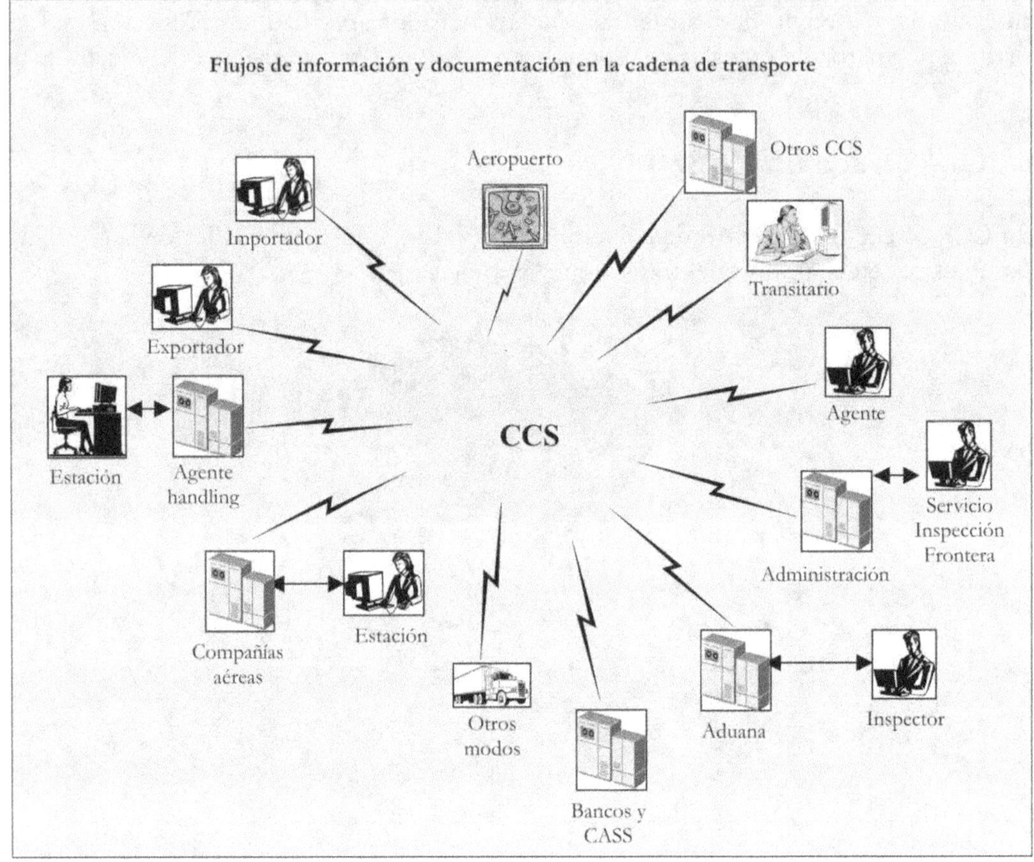

Figura 10.4. Gestión de flujos de información y documentación mediante un sistema CCS.

— Racionalizar y simplificar los procesos.

— Agilizar el flujo de documentos.

— Facilitar y agilizar el acceso a la información.

— Reducir el uso de llamadas telefónicas.

— Mecanizar los procesos manuales.

— Reducir el número de errores.

— Reducir la introducción de datos.

— Reducir los costes.

El área que puede abarcar un CCS es muy amplia. Desde la emisión de la factura a conocer la disponibilidad de vuelos y realizar la reserva, ver horarios, transmitir el conocimiento aéreo a la compañía transportista o el manifiesto del vuelo a la aduana y otros servicios oficiales, conocer la situación de cada expedición, solicitar la intervención de los servicios de inspección en frontera y obtener su dictamen, etc.

En el mundo existen varios CCS que a su vez están conectados entre sí, con el fin de tener acceso a la información que se produzca en las áreas de influencia de cada uno de ellos.

Anexo I

Códigos ISO de países (ISO 3166)

DECODIFICACIÓN

Cód.	País	Cód.	País	Cód.	País
AD	Andorra	CO	Colombia	GY	Guyana
AE	Emiratos Árabes Unidos	CR	Costa Rica	HK	Hong Kong
AF	Afganistán	CU	Cuba	HM	Islas Heard y McDonald
AG	Antigua y Barbuda	CV	Cabo Verde	HN	Honduras
AI	Anguila	CX	Isla Christmas	HR	Croacia
AL	Albania	CY	Chipre	HT	Haití
AM	Armenia	CZ	República Checa	HU	Hungría
AN	Antillas Neerlandesas	CH	Suiza	ID	Indonesia
AO	Angola	DE	Alemania	IE	Irlanda
AQ	Antártida	DJ	Djibouti	IL	Israel
AR	Argentina	DK	Dinamarca	IN	India
AS	Samoa Americana	DM	Dominica	IO	Territorio Británico Océano Índico
AT	Austria	DO	República Dominicana	IQ	Irak
AU	Australia	DZ	Argelia	IR	Irán
AW	Aruba	EC	Ecuador	IS	Islandia
AZ	Azerbaiyán	EE	Estonia	IT	Italia
BA	Bosnia-Herzegovina	EG	Egipto	JM	Jamaica
BB	Barbados	EH	Sahara Occidental	JO	Jordania
BD	Bangladesh	ER	Eritrea	JP	Japón
BE	Bélgica	ES	España	KE	Kenia
BF	Burkina Faso	ET	Etiopía	KG	Kirguistán
BG	Bulgaria	FI	Finlandia	KH	Camboya
BH	Bahrein	FJ	Fiji	KI	Kiribati
BI	Burundi	FK	Islas Malvinas	KM	Comoras
BJ	Benín	FM	Micronesia	KN	Saint Kitts y Nevis
BM	Bermudas	FO	Islas Feroe	KP	Rep. Popular Democrática de Corea
BN	Brunei Darussalam	FR	Francia	KR	Corea
BO	Bolivia	GA	Gabón	KW	Kuwait
BR	Brasil	GB	Gran Bretaña e Irlanda del Norte	KY	Islas Caimán
BS	Bahamas	GD	Granada	KZ	Kazajstán
BT	Bután	GE	Georgia	LA	Laos
BV	Isla Bouvet	GF	Guayana Francesa	LB	Líbano
BW	Botsuana	GH	Ghana	LC	Santa Lucía
BY	Belarús	GI	Gibraltar	LI	Liechtenstein
BZ	Belice	GL	Groenlandia	LK	Sri Lanka
CA	Canadá	GM	Gambia	LR	Liberia
CC	Islas Cocos	GN	Guinea	LS	Lesotho
CF	República Centroafricana	GP	Guadalupe	LT	Lituania
CG	Congo	GQ	Guinea Ecuatorial	LU	Luxemburgo
CI	Costa de Marfil	GR	Grecia	LV	Letonia
CK	Islas Cook	GS	Georgia del Sur e Islas Sandwich	LY	Libia (Jamahiriya Árabe)
CL	Chile	GT	Guatemala	MA	Marruecos
CM	Camerún	GU	Guam	MC	Mónaco
CN	China	GW	Guinea-Bissau	MD	Moldova

MG	Madagascar	PL	Polonia	TH	Tailandia
MH	Islas Marshall	PM	San Pedro y Miquelón	TJ	Tayikistán
ML	Mali	PN	Isla Pitcairn	TK	Tokelau
MM	Myanmar	PR	Puerto Rico	TM	Turkmenistán
MN	Mongolia	PT	Portugal	TN	Túnez
MO	Macao	PW	Palau	TO	Tonga
MP	Islas Marianas del Norte	PY	Paraguay	TP	Timor Oriental
MQ	Martinica	QA	Qatar	TR	Turquía
MR	Mauritania	RE	Reunión	TT	Trinidad y Tobago
MS	Montserrat	RO	Rumania	TV	Tuvalu
MT	Malta	RU	Rusia	TW	Taiwán
MU	Mauricio	RW	Ruanda	TZ	Tanzania
MV	Maldivas	SA	Arabia Saudita	UA	Ucrania
MW	Malawi	SB	Islas Salomón	UG	Uganda
MX	México	SC	Seychelles	UM	Islas Periféricas Menores de EEUU
MY	Malasia	SD	Sudán	UN	Isla Niue
MZ	Mozambique	SE	Suecia	US	Estados Unidos de América
NA	Namibia	SG	Singapur	UY	Uruguay
NC	Nueva Caledonia	SH	Santa Elena	UZ	Uzbekistán
NE	Níger	SI	Eslovenia	VA	Estado de la Ciudad del Vaticano
NF	Isla Norfolk	SJ	Islas Svalbard y Jan Mayen	VC	San Vicente y las Granadinas
NG	Nigeria	SK	Eslovaquia	VE	Venezuela
NI	Nicaragua	SL	Sierra Leona	VG	Islas Vírgenes Británicas
NL	Países Bajos	SM	San Marino	VI	Islas Vírgenes de los EEUU
NO	Noruega	SN	Senegal	VN	Vietnam
NP	Nepal	SO	Somalia	VU	Vanuatu
NR	Nauru	SR	Surinam	WF	Islas Wallis y Futuna
NZ	Nueva Zelanda	ST	Santo Tomé y Príncipe	WS	Samoa
OM	Omán	SV	El Salvador	YE	Yemen
PA	Panamá	SY	Siria	YT	Mayotte
PE	Perú	SZ	Suazilandia	YU	Yugoslavia
PF	Polinesia Francesa	TC	Islas Turcas y Caicos	ZA	Sudáfrica
PG	Papúa Nueva Guinea	TD	Chad	ZM	Zambia
PH	Filipinas	TF	Territorios Australes Franceses	ZR	República Democrática del Congo
PK	Pakistán	TG	Togo	ZW	Zimbabue

CODIFICACIÓN

País	Cód.	País	Cód.	País	Cód.
Afganistán	AF	Chad	TD	Irak	IQ
Albania	AL	Chile	CL	Irlanda	IE
Alemania	DE	China	CN	Isla Bouvet	BV
Andorra	AD	Chipre	CY	Isla Christmas	CX
Angola	AO	Dinamarca	DK	Isla Niue	UN
Anguila	AI	Djibouti	DJ	Isla Norfolk	NF
Antártida	AQ	Dominica	DM	Isla Pitcairn	PN
Antigua y Barbuda	AG	Ecuador	EC	Islandia	IS
Antillas Neerlandesas	AN	Egipto	EG	Islas Caimán	KY
Arabia Saudita	SA	El Salvador	SV	Islas Cocos	CC
Argelia	DZ	Emiratos Árabes Unidos	AE	Islas Cook	CK
Argentina	AR	Eritrea	ER	Islas Feroe	FO
Armenia	AM	Eslovaquia	SK	Islas Heard y McDonald	HM
Aruba	AW	Eslovenia	SI	Islas Malvinas	FK
Australia	AU	España	ES	Islas Marianas del Norte	MP
Austria	AT	Estado de la Ciudad del Vaticano	VA	Islas Marshall	MH
Azerbaiyán	AZ	Estados Unidos de América	US	Islas Periféricas Menores de EEUU	UM
Bahamas	BS	Estonia	EE	Islas Salomón	SB
Bahrein	BH	Etiopía	ET	Islas Svalbard y Jan Mayen	SJ
Bangladesh	BD	Fiji	FJ	Islas Turcas y Caicos	TC
Barbados	BB	Filipinas	PH	Islas Vírgenes Británicas	VG
Belarús	BY	Finlandia	FI	Islas Vírgenes de los EEUU	VI
Bélgica	BE	Francia	FR	Islas Wallis y Futuna	WF
Belice	BZ	Gabón	GA	Israel	IL
Benín	BJ	Gambia	GM	Italia	IT
Bermudas	BM	Georgia	GE	Jamaica	JM
Bolivia	BO	Georgia del Sur e Islas Sandwich	GS	Japón	JP
Bosnia-Herzegovina	BA	Ghana	GH	Jordania	JO
Botsuana	BW	Gibraltar	GI	Kazajstán	KZ
Brasil	BR	Granada	GD	Kenia	KE
Brunei Darussalam	BN	Grecia	GR	Kirguistán	KG
Bulgaria	BG	Groenlandia	GL	Kiribati	KI
Burkina Faso	BF	Guadalupe	GP	Kuwait	KW
Burundi	BI	Guam	GU	Laos	LA
Bután	BT	Guatemala	GT	Lesotho	LS
Cabo Verde	CV	Guayana Francesa	GF	Letonia	LV
Camboya	KH	Guinea	GN	Líbano	LB
Camerún	CM	Guinea Ecuatorial	GQ	Liberia	LR
Canadá	CA	Guinea-Bissau	GW	Libia (Jamahiriya Árabe)	LY
Colombia	CO	Guyana	GY	Liechtenstein	LI
Comoras	KM	Haití	HT	Lituania	LT
Congo	CG	Honduras	HN	Luxemburgo	LU
Corea	KR	Hong Kong	HK	Macao	MO
Costa de Marfil	CI	Hungría	HU	Madagascar	MG
Costa Rica	CR	India	IN	Malasia	MY
Croacia	HR	Indonesia	ID	Malawi	MW
Cuba	CU	Irán	IR	Maldivas	MV

Mali	ML	Polinesia Francesa	PF	Suazilandia	SZ
Malta	MT	Polonia	PL	Sudáfrica	ZA
Marruecos	MA	Portugal	PT	Sudán	SD
Martinica	MQ	Puerto Rico	PR	Suecia	SE
Mauricio	MU	Qatar	QA	Suiza	CH
Mauritania	MR	Gran Bretaña e Irlanda del Norte	GB	Surinam	SR
Mayotte	YT	República Centroafricana	CF	Tailandia	TH
México	MX	República Checa	CZ	Taiwán	TW
Micronesia	FM	República Democrática del Congo	ZR	Tanzania	TZ
Moldova	MD	República Dominicana	DO	Tayikistán	TJ
Mónaco	MC	Rep. Popular Democrática de Corea	KP	Territorio Británico del Océano Índico	IO
Mongolia	MN	Reunión	RE	Territorios Australes Franceses	TF
Montserrat	MS	Ruanda	RW	Timor Oriental	TP
Mozambique	MZ	Rumania	RO	Togo	TG
Myanmar	MM	Rusia	RU	Tokelau	TK
Namibia	NA	Sahara Occidental	EH	Tonga	TO
Nauru	NR	Saint Kitts y Nevis	KN	Trinidad y Tobago	TT
Nepal	NP	Samoa	WS	Túnez	TN
Nicaragua	NI	Samoa Americana	AS	Turkmenistán	TM
Níger	NE	San Marino	SM	Turquía	TR
Nigeria	NG	San Pedro y Miquelón	PM	Tuvalu	TV
Noruega	NO	San Vicente y las Granadinas	VC	Ucrania	UA
Nueva Caledonia	NC	Santa Elena	SH	Uganda	UG
Nueva Zelanda	NZ	Santa Lucía	LC	Uruguay	UY
Omán	OM	Santo Tomé y Príncipe	ST	Uzbekistán	UZ
Países Bajos	NL	Senegal	SN	Vanuatu	VU
Pakistán	PK	Seychelles	SC	Venezuela	VE
Palau	PW	Sierra Leona	SL	Vietnam	VN
Panamá	PA	Singapur	SG	Yemen	YE
Papúa Nueva Guinea	PG	Siria	SY	Yugoslavia	YU
Paraguay	PY	Somalia	SO	Zambia	ZM
Perú	PE	Sri Lanka	LK	Zimbabue	ZW

Anexo II

Códigos ISO de monedas (ISO 4217)

DECODIFICACIÓN

Cód.	País	Cód.	País	Cód.	País
ADP	Peseta andorrana	DRP	Peso de la República Dominicana	KWD	Dinar de Kuwait
AED	Dirham de los Emiratos Árabes Unidos	DZD	Dinar de Algeria	KYD	Dólar de las Caimán
AFA	Afgani	ECS	Sucre de Ecuador	KZT	Tenge de Kazakhstán
ALL	Lek albanés	EEK	Corona de Estonia	LAK	Kip de Letonia
AMD	Dram armenio	EGP	Libra egipcia	LBP	Libra libanesa
ANG	Guilder de India Occidental	ESP	Peseta española	LKR	Rupia de Ceilán
AOK	Kwanza angolés	ETB	Birr de Etiopía	LRD	Dólar de Liberia
ARA	Austral argentino	EUR	Unión Monetaria Europea	LSL	Loti de Lesotho
ARS	Peso argentino	FIM	Marco finlandés	LTL	Lita de Lituania
ATS	Chelín austriaco	FJD	Dólar de Fiji	LUF	Franco de Luxemburgo
AUD	Dólar australiano	FKP	Libra de Falkland	LVL	Lat de Latonia
AWG	Guilder de Aruba	FRF	Franco francés	LYD	Dinar libio
AZM	Manat de Azerbaijan	GBP	Libra británica	MAD	Dírham marroquí
BAD	Dinar de Bosnia-Herzogovinia	GEK	Kupon de Georgia	MDL	Lei de Moldavia
BBD	Dólar de Barbados	GHC	Cedi de Ghana	MGF	Franco de Madagascar
BDT	Taka de Bangladesh	GIP	Libra de Gibraltar	MNC	Mónaco
BEF	Franco belga	GMD	Dalasi de Gambia	MNT	Tugrik de Mongolia
BGL	Lev búlgaro	GNF	Franco de Guinea	MOP	Pataca de Macao
BHD	Dinar de Barein	GRD	Dracma griego	MRO	Ouguiya de Mauritania
BIF	Franco de Burundi	GTQ	Quedzal de Guatemala	MTL	Lira de Malta
BMD	Dólar de Bermudas	GWP	Peso de Guinea	MUR	Rupia de Mauritius
BND	Dólar de Brunei	GYD	Dólar guayanés	MVR	Rufia de Maldivas
BOB	Boliviano de Bolivia	HKD	Dólar de Hong Kong	MWK	Kwacha de Malawi
BRL	Real de Brasil	HNL	Lempira de Honduras	MXN	Peso mexicano (nuevo)
BRR	Brasil	HRD	Dinar de Croacia	MXP	Peso mexicano (viejo)
BSD	Dólar de Bahamas	HTG	Gourde de Haití	MYR	Ringgit de Malaysia
BWP	Pula de Botsuana	HUF	Florín húngaro	MZM	Metical de Mozambique
BYR	Rublo de Bielorrusia	IDR	Rupia de Indonesia	NGN	Naira de Nigeria
BZD	Dólar de Belice	IEP	Libra irlandesa	NIC	Nicaragua
CAD	Dólar canadiense	ILS	Scheckel israelí	NIO	Córdoba de Nicaragua
CDP	Santo Domingo	INR	Rupia india	NIS	Isreal
CHF	Franco suizo	IQD	Dinar iraquí	NLG	Guilder de Holanda
CLP	Peso chileno	IRR	Rial iraní	NOK	Corona noruega
CNY	China	ISK	Corona islandesa	NPR	Rupia de Nepal
COP	Peso de Colombia	ITL	Lira italiana	NZD	Dólar de Nueva Zelanda
CRC	Colón de Costa Rica	JMD	Dólar de Jamaica	OMR	Rial de Omán
CUP	Peso cubano	JOD	Dinar de Jordania	PAB	Balboa de Panamá
CVE	Escudo de Cabo Verde	JPY	Yen japonés	PEI	Inti de Perú
CYP	Libra de Chipre	KES	Chelín de Kenya	PEN	Sol de Perú - Nuevo
CZK	Koruna checa	KHR	Riel de Camboya	PES	Sol de Perú
DEM	Marco alemán	KIS	Som de Kirghizstan	PGK	Kina de Papúa Nueva Guinea
DJF	Franco de Djibouti	KMF	Franco de Comoros	PHP	Peso filipino
DKK	Corona danesa	KPW	Won de Corea del Norte	PKR	Rupia de Pakistán
DOP	Peso dominicano	KRW	Won de Corea del Sur	PLN	Zloty de Polonia

PLZ	Polonia	SOL	Perú	UAK	Karbowanez de Ucrania
PTE	Escudo portugués	SOS	Chellín de Somalia	UGS	Chellín de Uganda
PYG	Guaraní de Paraguay	SRG	Guilder de Surinam	USD	Dólar de EEUU
QAR	Riyal de Qatar	STD	São Tome / Príncipe Dobra	UYP	Nuevo peso de Uruguay
RMB	Remnminbi Yuan de China	SUR	Rublo ruso (viejo)	UYU	Uruguay
ROL	Lei de Rumania	SVC	Colon de El Salvador	VEB	Bolívar de Venezuela
RUR	Rublo ruso	SYP	Libra de Siria	VND	Dong de Vietnam
RWF	Franco de Ruanda	SZL	Lilangeni de Suazilandia	VUV	Vatu de Vanuatu
SAR	Riyal de Arabia Saudí	THB	Baht de Tailandia	WST	Tala de Samoa
SBD	Dólar de las Islas Salomón	TJR	Rublo de Tadzikistán	XAF	Franco de Gabón
SCR	Rupias de Seychelles	TMM	Manat de Turkmenistán	XCD	Dólar de Caribe Oriental
SDP	Libra de Sudán	TND	Dinar de Túnez	XOF	Franco de Benín (CfA)
SEK	Corona sueca	TOP	Pa'anga de Tonga	YER	Ryal de Yemen
SGD	Dólar de Singapur	TPE	Escudo de Timor	ZAR	Rand de Sur África
SHP	Libra de St. Helena	TRL	Lira de Turquía	ZMK	Kwacha de Zambia
SIT	Tolar de Eslovenia	TTD	Dólar de Trinidad y Tobago	ZRZ	Zaire
SKK	Corona eslovaca	TWD	Dólar de Nuevo Taiwán	ZWD	Dólar de Zimbabue
SLL	Sierra Leona	TZS	Chellín de Tanzania		

CODIFICACIÓN

País	Cód.	País	Cód.	País	Cód.
Afgani	AFA	Dólar de Jamaica	JMD	Lei de Rumania	ROL
Austral argentino	ARA	Dólar de las Caimán	KYD	Lek albanés	ALL
Baht de Tailandia	THB	Dólar de las Islas Salomón	SBD	Lempira de Honduras	HNL
Balboa de Panamá	PAB	Dólar de Liberia	LRD	Lev búlgaro	BGL
Birr de Etiopía	ETB	Dólar de Nueva Zelanda	NZD	Libra británica	GBP
Bolívar de Venezuela	VEB	Dólar de Nuevo Taiwán	TWD	Libra de Chipre	CYP
Boliviano de Bolivia	BOB	Dólar de Singapur	SGD	Libra de Falkland	FKP
Brasil	BRR	Dólar de Trinidad y Tobago	TTD	Libra de Gibraltar	GIP
Cedi de Ghana	GHC	Dólar de Zimbabue	ZWD	Libra de Siria	SYP
Chelín austriaco	ATS	Dólar guayanés	GYD	Libra de St. Helena	SHP
Chelín de Kenia	KES	Dong de Vietnam	VND	Libra de Sudán	SDP
Chellín de Somalia	SOS	Dracma griego	GRD	Libra egipcia	EGP
Chellín de Tanzania	TZS	Dram armenio	AMD	Libra irlandesa	IEP
Chellín de Uganda	UGS	Escudo de Cabo Verde	CVE	Libra libanesa	LBP
China	CNY	Escudo de Timor	TPE	Lilangeni de Suazilandia	SZL
Colón de Costa Rica	CRC	Escudo portugués	PTE	Lira de Malta	MTL
Colón de El Salvador	SVC	Florín húngaro	HUF	Lira de Turquía	TRL
Córdoba de Nicaragua	NIO	Franco belga	BEF	Lira italiana	ITL
Corona danesa	DKK	Franco de Benín (CfA)	XOF	Lita de Lituania	LTL
Corona de Estonia	EEK	Franco de Burundi	BIF	Loti de Lesotho	LSL
Corona eslovaca	SKK	Franco de Comoros	KMF	Manat de Azerbaijan	AZM
Corona islandesa	ISK	Franco de Djibouti	DJF	Manat de Turkmenistán	TMM
Corona noruega	NOK	Franco de Gabón	XAF	Marco alemán	DEM
Corona sueca	SEK	Franco de Guinea	GNF	Marco finlandés	FIM
Dalasi de Gambia	GMD	Franco de Luxemburgo	LUF	Metical de Mozambique	MZM
Dinar de Algeria	DZD	Franco de Madagascar	MGF	Mónaco	MNC
Dinar de Barein	BHD	Franco de Ruanda	RWF	Naira de Nigeria	NGN
Dinar de Bosnia-Herzogovinia	BAD	Franco francés	FRF	Nicaragua	NIC
Dinar de Croacia	HRD	Franco suizo	CHF	Nuevo peso de Uruguay	UYP
Dinar de Jordania	JOD	Gourde de Haití	HTG	Ouguiya de Mauritania	MRO
Dinar de Kuwait	KWD	Guaraní de Paraguay	PYG	Pa'anga de Tonga	TOP
Dinar de Túnez	TND	Guilder de Aruba	AWG	Pataca de Macao	MOP
Dinar iraquí	IQD	Guilder de Holanda	NLG	Perú	SOL
Dinar libio	LYD	Guilder de India Occidental	ANG	Peseta andorrana	ADP
Dírham de los Emiratos Árabes Unidos	AED	Guilder de Surinam	SRG	Peseta española	ESP
Dírham marroquí	MAD	Inti de Perú	PEI	Peseta argentino	ARS
Dólar australiano	AUD	Isreal	NIS	Peso chileno	CLP
Dólar canadiense	CAD	Karbowanez de Ucrania	UAK	Peso cubano	CUP
Dólar de Bahamas	BSD	Kina de Papua Nueva Guinea	PGK	Peso de Colombia	COP
Dólar de Barbados	BBD	Kip de Letonia	LAK	Peso de Guinea	GWP
Dólar de Belice	BZD	Krona checa	CZK	Peso de República Dominicana	DRP
Dólar de Bermudas	BMD	Kupon de Georgia	GEK	Peso dominicano	DOP
Dólar de Brunei	BND	Kwacha de Malawi	MWK	Peso filipino	PHP
Dólar de Caribe Oriental	XCD	Kwacha de Zambia	ZMK	Peso mexicano (nuevo)	MXN
Dólar de EEUU	USD	Kwanza angolés	AOK	Peso mexicano (viejo)	MXP
Dólar de Fiji	FJD	Lat de Latonia	LVL	Polonia	PLZ
Dólar de Hong Kong	HKD	Lei de Moldavia	MDL	Pula de Botsuana	BWP

Quedzal de Guatemala	GTQ	Rupia de Ceilán	LKR	Sucre de Ecuador	ECS
Rand de Sur África	ZAR	Rupia de Indonesia	IDR	Taka de Bangladesh	BDT
Real de Brasil	BRL	Rupia de Mauritius	MUR	Tala de Samoa	WST
Remnminbi Yuan de China	RMB	Rupia de Nepal	NPR	Tenge de Kazakhstán	KZT
Rial de Omán	OMR	Rupia de Pakistán	PKR	Tolar de Eslovenia	SIT
Rial iraní	IRR	Rupia india	INR	Tugrik de Mongolia	MNT
Riel de Camboya	KHR	Rupias de Seychelles	SCR	Unión Monetaria Europea	EUR
Ringgit de Malaysia	MYR	Ryal de Yemen	YER	Uruguay	UYU
Riyal de Arabia Saudí	SAR	Santo Domingo	CDP	Vatu de Vanuatu	VUV
Riyal de Qatar	QAR	São Tome / Príncipe Dobra	STD	Won de Corea del Norte	KPW
Rublo de Bielorusia	BYR	Scheckel israelí	ILS	Won de Corea del Sur	KRW
Rublo de Tadzikistán	TJR	Sierra Leona	SLL	Yen japonés	JPY
Rublo ruso	RUR	Sol de Perú	PES	Zaire	ZRZ
Rublo ruso (viejo)	SUR	Sol de Perú - Nuevo	PEN	Zloty de Polonia	PLN
Rufia de Maldivas	MVR	Som de Kirghizstan	KIS		

Anexo III

Códigos de mercancías de manejo especial

DECODIFICACIÓN

Cód.	Descripción	Cód.	Descripción	Cód.	Descripción
AOG	Repuesto para avión en tierra	PEA	Trofeo caza (artículos cuero y piel)	ROX	Material oxidante
ATT	Mercancía adjunta al AWB	PEF	Flores y plantas	RPB	Sustancias tóxicas
AVI	Animal vivo	PEM	Carne y productos cárnicos	RPG	Gas tóxico
BIG	Dimensiones superior a una paleta	PEP	Frutas y verduras	RRW	Radiactivo I etiqueta blanca
BUP	Unidad manejada por expedidor	PER	Perecedera	RRY	Radiactivo II/III etiqueta amarilla
CAO	Avión carguero	PES	Pescado y marisco	RSB	Perlas de poliestireno
CAT	Mercancía atendida por acompañante	RCL	Líquido criogénico	RSC	Combustible espontáneamente
COM	Valija de la compañía	RCM	Material corrosivo	RXB	Material explosivo 1.4B
DIP	Valija o envío diplomático	RCX	Material explosivo 1.3.C	RXC	Material explosivo 1.4C
EAT	Productos alimenticios	REX	Explosivos en general	RXD	Material explosivo 1.4D
FIL	Película virgen o sin revelar	RFG	Gas comprimido inflamable	RXE	Material explosivo 1.4E
GRU	Consolidado	RFL	Líquido inflamable	RXG	Material explosivo 1.4G
HEA	Bulto pesado	RFS	Sólido inflamable	RXS	Material explosivo 1.4S
HEG	Huevos en incubación	RFW	Sólido peligroso cuando se humedece	SPF	Animales de laboratorio
HUM	Restos humanos	RGX	Material explosivo 1.3G	ULD	Mercancía en unidad de carga
ICE	Hielo seco	RHF	Nocivo	VAL	Valiosa
LHO	Órganos humanos - Sangre	RIS	Sustancias infecciosas	VOL	Voluminosa
MAG	Material magnético	RMD	Mercancías peligrosas varias	WAS	Armas y municiones
MUW	Municiones de guerra	RNG	Gas comprimido no inflamable	WET	Mojado no embalado en contenedor
NWP	Prensa	ROP	Peróxido orgánico		

CODIFICACIÓN

Descripción	Cód.	Descripción	Cód.	Descripción	Cód.
Animal vivo	AVI	Material explosivo 1.3.C	RCX	Perlas de poliestireno	RSB
Animales de laboratorio	SPF	Material explosivo 1.3G	RGX	Peróxido orgánico	ROP
Armas y municiones	WAS	Material explosivo 1.4B	RXB	Pescado y marisco	PES
Avión carguero	CAO	Material explosivo 1.4C	RXC	Prensa	NWP
Bulto pesado	HEA	Material explosivo 1.4D	RXD	Productos alimenticios	EAT
Carne y productos cárnicos	PEM	Material explosivo 1.4E	RXE	Radiactivo I etiqueta blanca	RRW
Combustible espontáneamente	RSC	Material explosivo 1.4G	RXG	Radiactivo II/III etiqueta amarilla	RRY
Consolidado	GRU	Material explosivo 1.4S	RXS	Repuesto para avión en tierra	AOG
Dimensiones superior a una paleta	BIG	Material magnético	MAG	Restos humanos	HUM
Explosivos en general	REX	Material oxidante	ROX	Sólido inflamable	RFS
Flores y plantas	PEF	Mercancía adjunta al AWB	ATT	Sólido peligroso cuando se humedece	RFW
Frutas y verduras	PEP	Mercancía atendida por acompañante	CAT	Sustancias infecciosas	RIS
Gas comprimido inflamable	RFG	Mercancía en unidad de carga	ULD	Sustancias tóxicas	RPB
Gas comprimido no inflamable	RNG	Mercancías peligrosas varias	RMD	Trofeo caza (artículos cuero y piel)	PEA
Gas tóxico	RPG	Mojado no embalado en contenedor	WET	Unidad manejada por expedidor	BUP
Hielo seco	ICE	Municiones de guerra	MUW	Valija de la compañía	COM
Huevos en incubación	HEG	Nocivo	RHF	Valija o envío diplomático	DIP
Líquido criogénico	RCL	Órganos humanos - Sangre	LHO	Valiosa	VAL
Líquido inflamable	RFL	Película virgen o sin revelar	FIL	Voluminosa	VOL
Material corrosivo	RCM	Perecedera	PER		

Anexo IV

Códigos de cargos y tarifas

Códigos de clases de tarifas

CODIFICACIÓN		DECODIFICACIÓN	
Descripción	**Cód.**	**Cód.**	**Descripción**
Aumento de peso	W	B	Cargo básico (uso opcional)
Cargo básico (uso opcional)	B	C	Tarifa de mercancía específica
Cargo mínimo	M	D	Servicio de puerta a puerta
Descuento ULD	Y	E	Tarifa adicional ULD
Información adicional ULD	X	K	Tarifa por kilo (uso opcional)
Recargo de tarifa de clase	S	M	Cargo mínimo
Reducción tarifa de clase	R	N	Tarifa normal de menos de 45/100 kg
Servicio de puerta a puerta	D	P	Servicio paquetería
Servicio paquetería	P	Q	Tarifa de cantidad más de 45/100 kg
Tarifa adicional ULD	E	R	Reducción tarifa de clase
Tarifa de cantidad más de 45/100 kg	Q	S	Recargo de tarifa de clase
Tarifa de mercancía específica	C	U	Tarifa ULD
Tarifa normal de menos de 45/100 kg	N	W	Aumento de peso
Tarifa por kilo (uso opcional)	K	X	Información adicional ULD
Tarifa ULD	U	Y	Descuento ULD

Códigos de formas de pago

CODIFICACIÓN		DECODIFICACIÓN	
Descripción	**Cód.**	**Cód.**	**Descripción**
Porte debido	CC	CC	Porte debido
Porte debido a pagar por GBL	CG	CG	Porte debido a pagar por GBL
Porte pagado	PP	NC	Tarifa de servicio - sin cargos
Porte pagado por GBL	PG	PG	Porte pagado por GBL
Tarifa de servicio - sin cargos	NC	PP	Porte pagado

Códigos de otros cargos

CODIFICACIÓN		DECODIFICACIÓN	
Descripción	**Cód.**	**Cód.**	**Descripción**
Almacenaje en destino	SR	AC	Contenedor de animal
Almacenaje en origen	SO	AS	Tasa por servicio de montaje
Animales vivos	LA	AT	Cuidador
Cargo por combustible	MY	AW	Cargo por emisión conocimiento aéreo
Cargo por emisión conocimiento aéreo	AW	BL	Certificado de lista negra
Cargo por seguridad	SC	BR	Extracto bancario
Cargo por superficie en destino	SD	CD	Despacho y manejo en destino
Cargos por superficie	SU	CH	Despacho y manejo en origen
Certificado de lista negra	BL	DB	Tasa por desembolsos
Contenedor de animal	AC	DF	Tasa por servicio de distribución
Cuidador	AT	FC	Tasas por cargo en destino
Despacho y manejo en destino	CD	GT	Impuestos gubernamentales

Despacho y manejo en origen	CH		HR	Restos humanos
Embalaje	PK		IN	Primas de seguros
Extracto bancario	BR		LA	Animales vivos
Impuesto de ventas del Estado	ST		MA	Varios debidos al agente
Impuestos	TX		MB	Varios sin asignar
Impuestos gubernamentales	GT		MC	Varios debidos al transportista
Manejo de ULD	UH		MD a MN	Varios debidos al último transportista
Parada en tránsito	SI		MO a MZ	Varios debidos al transportista emisor
Primas de seguros	IN		MY	Cargo por combustible
Pronta entrega por separado	SP		PK	Embalaje
Recogida	PU		PU	Recogida
Restos humanos	HR		RA	Tasa por mercancía peligrosa
Tasa por desembolsos	DB		SC	Cargo por seguridad
Tasa por mercancía peligrosa	RA		SD	Cargo por superficie en destino
Tasa por servicio de distribución	DF		SI	Parada en tránsito
Tasa por servicio de montaje	AS		SO	Almacenaje en origen
Tasas por cargo en destino	FC		SP	Pronta entrega por separado
Tránsito	TR		SR	Almacenaje en destino
Varios debidos al agente	MA		ST	Impuesto de ventas del Estado
Varios debidos al transportista	MC		SU	Cargos por superficie
Varios debidos al transportista emisor	MO a MZ		TR	Tránsito
Varios debidos al último transportista	MD a		TX	Impuestos
Varios sin asignar	MB		UH	Manejo de ULD

Anexo V

Tabla de conversión de pesos y medidas

DECODIFICACIÓN		
Para convertir	**en**	**Multiplicar por**
Centígrados o Celsius	Fahrenheit	9/5 y sumar 32 ºF
Centímetros	Milímetros	10
Centímetros	Pulgadas	0,3937
Centímetros	Metros	0,01
Cuartos (EEUU)	Litros	0,9463
Cuartos (Imperiales)	Litros	1,1365
Fahrenheit	Centígrados o Celsius	restar 32 ºF y multiplicar 5/9
Galones (EEUU)	Galones (Imperiales)	0,8327
Galones (EEUU)	Litros	3,7853
Galones (Imperiales)	Galones (EEUU)	1,2009
Galones (Imperiales)	Litros	4,546
Gramos	Onzas (avoirdupois)	0,0353
Kilogramos	Libras (16 onzas)	2,2046
Kilogramos por centímetro cuadrado	Libras por pulgada cuadrada	14,2234
Libras	Gramos	453,5924
Libras	Onzas	16
Libras (16 onzas)	Kilogramos	0,4536
Libras por pulgada cuadrada	Kilogramos por centímetro cuadrado	0,0703
Litros	Cuartos	0,8799
Litros	Cuartos (EEUU)	1,0567
Litros	Galones (Imperiales)	0,22
Litros	Onzas líquidas	33,8147
Litros	Onzas líquidas (EEUU)	33,8147
Litros	Onzas líquidas (Imperiales)	35,196
Litros	Pintas (EEUU)	2,1136
Litros	Pintas (Imperiales)	1,7598
Litros	Galones (EEUU)	0,2642
Metros	Pulgadas	39,37
Metros	Pies	3,2806
Metros	Yardas	1,093613
Metros	Centímetros	100
Metros cúbicos	Pies cúbicos	35,31
Metros cúbicos	Pulgadas cúbicas	61023,3779
Milímetros	Centímetros	0,1
Milímetros	Pulgadas	0,0394
Millas	Kilómetros	1,609344
Millas	Pies	5280
Millas	Yardas	1760
Millas	Metros	1609,344
Onzas (avoirdupois)	Gramos	28,3495
Onzas (avoirdupois)	Libras	0,0625
Onzas líquidas (EEUU)	Mililitros	29,5729
Onzas líquidas (EEUU)	Pintas (EEUU)	0,0625
Onzas líquidas (Imperiales)	Mililitros	28,4123

Onzas líquidas (Imperiales)	Pintas (Imperiales)	0,05
Pies	Centímetros cúbicos	30,48
Pies	Pulgadas	12
Pies cúbicos	Centímetros cúbicos	28320
Pies cúbicos	Litros	28,32
Pies cúbicos	Metros	0,3048
Pies cúbicos	Pulgadas cúbicas	1728
Pintas (EEUU)	Litros	0,4732
Pintas (EEUU)	Onzas líquidas (EEUU)	16
Pintas (Imperiales)	Litros	0,5682
Pintas(Imperiales)	Onzas líquidas (Imperiales)	20
Pulgadas cúbicas	Centímetros	2,54
Pulgadas cúbicas	Centímetros cúbicos	16,38706
Pulgadas cúbicas	Onzas líquidas (EEUU)	0,5541
Pulgadas cúbicas	Onzas líquidas (Imperiales)	0,4614
Toneladas (cortas)	Kilogramos	907,1849
Toneladas (cortas)	Libras	2000
Toneladas (cortas)	Toneladas (largas)	0,8929
Toneladas (cortas)	Toneladas (métricas)	0,9072
Toneladas (largas)	Kilogramos	1016
Toneladas (largas)	Libras	2240
Toneladas (largas)	Toneladas (cortas)	1,12
Toneladas (métricas)	Kilogramos	1000
Toneladas (métricas)	Libras	2205
Yardas	Metros	0,9144
Yardas	Pies	3

Anexo VI

Áreas económicas mundiales y países que las forman

OCDE / OECD	**Organización para la Cooperación y el Desarrollo Económico** *Organisation for Economic Co-operation and Development* Países fundadores, en 1961: Alemania, Austria, Bélgica, Canadá, Dinamarca, España, EEUU, Francia, Grecia, Irlanda, Islandia, Italia, Luxemburgo, Noruega, Países Bajos, Portugal, Reino Unido, Suecia, Suiza y Turquía Incorporaciones posteriores: Japón, Finlandia, Australia, Nueva Zelanda, México, República Checa, Hungría, Polonia y Corea del Sur
AELC **EFTA**	**Asociación Europea de Libre Comercio** *European Fair Trade Association* Islandia, Liechtenstein, Noruega y Suiza
CEI	**Comunidad de Estados Independientes** Armenia, Arzebaiján, Bielorrusia, Kazajstán, Kirguizistán, Moldavia, Rusia, Tajikistán, Turkmenistán, Ucrania y Uzbekistán
PECO	**Países de Europa Central y Oriental** Albania, Bosnia, Bulgaria, Croacia, Eslovaquia, Eslovenia, Estonia, Hungría, Letonia, Lituania, Macedonia, Polonia, República Checa, Rumanía, Serbia y Montenegro
OPEP	**Organización de Países Exportadores de Petróleo** Arabia Saudita, Irán, Venezuela, Irak, Emiratos Árabes Unidos, Nigeria, Kuwait, Indonesia, Libia, Argelia y Qatar
ACP (LOME)	**África, Caribe, Pacífico** Países asociados a la Unión Europea por la Convención de Lomé IV
MCCA	**Mercado Común Centroamericano** Costa Rica, El Salvador, Guatemala, Honduras, Nicaragua y Panamá
ALADI	**Asociación Latino-Americana de Integración** Argentina, Paraguay, Uruguay, Brasil, Bolivia, Perú, Ecuador, Colombia, Venezuela y México
PARI	**Países Asiáticos de Reciente Industrialización** Corea del Sur, Hong Kong, Singapur y Taiwán
ASEAN	**Asociación de Países del Sudeste Asiático** Brunei, Camboya, Indonesia, Laos, Malasia, Myanmar, Filipinas, Singapur, Tailandia y Vietnam
CAN	**Comunidad Andina de Naciones o "Grupo Andino"** Bolivia, Colombia, Ecuador, Perú y Venezuela
MERCOSUR	**Mercado Común del Sur** Argentina, Brasil, Paraguay, Uruguay y Venezuela
ALENA	**Acuerdo de Librecambio Norteamericano** Canadá, EEUU y México
ALCEC	**Acuerdo de Libre Comercio de Europa Central** Eslovaquia, Eslovenia, Hungría, Polonia, República Checa y Rumanía
UE	**Unión Europea** Alemania, Austria, Bélgica, Bulgaria, Chipre, República Checa, Dinamarca, Eslovaquia, Eslovenia, España, Estonia, Finlandia, Francia, Grecia, Hungría, Irlanda, Italia, Letonia, Lituania, Luxemburgo, Malta, Países Bajos, Polonia, Portugal, Rumanía, Reino Unido y Suecia
UE, monetaria	**Países de la Unión Europea con moneda única (Euro)** Alemania, Austria, Bélgica, Chipre, Eslovaquia, Eslovenia, España, Estonia, Finlandia, Francia, Grecia, Irlanda, Italia, Luxemburgo, Malta, Países Bajos y Portugal
UE, no monetaria	**Países de la Unión Europea no pertenecientes a la moneda única** Dinamarca y Reino Unido (exclusión voluntaria). Muchos de los nuevos Estados miembros, más Suecia, todavía no cumplen las condiciones para adoptar la moneda única
	Países candidatos a la adhesión a la Unión Europea Antigua República Yugoslava de Macedonia, Croacia, Islandia, Montenegro, Serbia y Turquía

Anexo VII

Directorio de organismos y entidades

A4A, Airlines for America (www.airlines.org)
Fundada por un grupo de 14 líneas aéreas en Chicago en 1936. Sus objetivos son apoyar a sus miembros, promoviendo el transporte aéreo y la seguridad, la rentabilidad y el adelanto tecnológico de sus operaciones. Ha desempeñado un papel importante en todas las decisiones principales del gobierno de EEUU sobre el sector aéreo, incluyendo la creación del sistema de control del tráfico aéreo y la desregulación del mismo.

AATA, Animal Transport Association
(www.aata-animaltransport.org)
Entidad no lucrativa creada en 1976 como asociación del transporte aéreo de animales. Cambió su denominación en 1989 por la de Asociación del Transporte de Animales para abarcar a cualquier modo de transporte. Promueve regulaciones internacionales uniformes, la investigación, la mejora de servicios y la educación. Son miembros de AATA las compañías aéreas, los agentes handling, los transitarios, etc.

ACI, Airport Council International (www.airports.org)
El Consejo Internacional de Aeropuertos (ACI) fue creado en 1991, siendo el portavoz de los aeropuertos en el mundo. Es una asociación no lucrativa que trata de fomentar la cooperación entre sus aeropuertos miembros con otros socios, incluyendo a los gobiernos, las líneas aéreas y los fabricantes de aviones, con el fin de proporcionar un sistema de transporte aéreo seguro, eficiente y compatible con el medio ambiente.
ACI tiene su sede central en Ginebra y se compone de seis regiones: África, Asia, Europa, América Latina y Caribe, Norteamérica y Pacífico.

AEA, Association of European Airlines (www.aea.be)
Asociación de Líneas Aéreas de Europa que representa los intereses de las mismas ante las instituciones europeas e internacionales. Desarrolla proyectos de cooperación entre sus miembros.

AEAT, Agencia Estatal de Administración Tributaria (www.aeat.es)
Agencia dependiente del Ministerio de Hacienda de España en la que está englobada el Departamento de Aduanas, con competencias de aduanas en el territorio español.

AECA, Asociación Española de Compañías Aéreas
(www.aecaweb.com)
Asociación que representa los intereses de las empresas aéreas españolas asociadas ante los organismos públicos.

AENA, Aeropuertos Españoles y Navegación Aérea
(www.aena.es)
Entidad empresarial dependiente del Ministerio de Fomento de España, constituida conforme al Real Decreto 905/1991, de 14 de junio, por el que se aprueba el estatuto del ente público Aeropuertos Españoles y Navegación Aérea. Tiene como misión contribuir al desarrollo del transporte aéreo en España y garantizar el tránsito aéreo con seguridad, fluidez, eficacia y economía, ofreciendo una calidad de servicio acorde con la demanda de clientes y usuarios en el marco de la política general de transportes del gobierno.

AENOR, Asociación Española de Normalización y Certificación (www.aenor.es)
Entidad dedicada al desarrollo de la normalización y la certificación en todos los sectores industriales y de servicios. Su propósito es contribuir a mejorar la calidad y la competitividad de las empresas, así como proteger el medio ambiente.
Fue designada por la Orden del Ministerio de Industria y Energía de 26 de febrero de 1986, de acuerdo con el Real Decreto 1614/1985 y reconocida como organismo de normalización y para actuar como entidad de certificación por el Real Decreto 2200/1995, en desarrollo de la Ley 21/1992 de Industria.
Forma parte de los foros europeos y americanos en el desarrollo de la normalización y sus certificaciones tienen el reconocimiento internacional.

AIRBUS (www.airbus.com)
Consorcio europeo dedicado a la fabricación de aviones, en el que participa España.

ALA, Asociación de Líneas Aéreas
(www.alaspain.com)
Asociación empresarial constituida al amparo de la Ley 19/1977 de 1 de abril. Desde el año 1952 actuaba como asociación civil de acuerdo con la legislación vigente en el momento.
Sus miembros son empresas dedicadas al transporte aéreo de pasajeros, carga y correo, legalmente registradas en España. Representa a sus miembros y defiende sus intereses ante toda clase de organismos y autoridades, velando por la seguridad y la calidad de servicio en los transportes aéreos.

ALACAT, Federación de Asociaciones Nacionales de Agentes de Carga de América Latina y del Caribe
(www.alacat.org)
Federación de las asociaciones de agentes de carga y *freight forwarders* de América Latina y de Caribe, creada ante la necesidad común de coordinar sus esfuerzos corporativos y dotarse de un foro de encuentro periódico.

BDE, Banco de España (www.bde.es)
Banco central de España. El inicio de la tercera fase de la Unión Económica y Monetaria, el 1 de enero de 1999, y la constitución del Sistema Europeo de Bancos Centrales (SEBC) y del Banco Central Europeo (BCE), han supuesto una redefinición de las funciones atribuidas anteriormente al Banco de España. Está integrado en el SEBC y, según establece en la ley, se reconoce la potestad del BCE en la definición de la política monetaria de la zona euro y su ejecución por el Banco de España.

BOEING, Empresa de Fabricación de Aviones
(www.boeing.com)
Compañía aeronáutica estadounidense fundada en 1916 por William Boeing. Es un importante fabricante mundial de aviones comerciales, aunque también fabrica aviones militares y naves espaciales. Famosa fundamentalmente por la fabricación de los aviones a reacción de la serie "7" (747, 707, 767, 777, 757, 737 y 727).

CAMARAS, Consejo Superior de Cámaras de Comercio (www.camaras.org)
El Consejo Superior de Cámaras de Comercio representa a las 85 cámaras existentes en España. Es el interlocutor ante los órganos de la Administración del Estado, coordinando sus actuaciones, fomentado la relación entre ellas y elaborando la posición de las cámaras ante la Administración.

Las cámaras de comercio españolas son corporaciones de Derecho Público, según la Ley 3/1993. Forman parte de la Cámara de Comercio Internacional (CCI), la Eurocámara y de AICO (Asociación Iberoamericana de Cámaras de Comercio).

CATICE, Centros y Unidades de Asistencia Técnica e Inspección de Comercio Exterior
Centros de inspección de los Servicios de Certificación y Asistencia Técnica del Comercio Exterior (véase Soivre).

CITES, Convención sobre el Comercio Internacional de Especies Amenazadas de Fauna y Flora Silvestres (www.cites.org)
El 3 de marzo de 1973, 21 países firmaron la Convención sobre el Comercio Internacional de Especies Amenazadas de Fauna y Flora Silvestre, que entró en vigor el 1 julio de 1975 y a la que se adhirió España el 16 mayo de 1986. Actúa como secretaría de la ONU y regula el comercio de animales y plantas silvestres amenazadas, así como de sus partes.

Cada país adscrito designa una o más autoridades en la materia. En el caso de España son:

- Autoridad Administrativa principal: Secretaría General de Comercio Exterior del Ministerio de Economía.
- Autoridad Administrativa adicional: Departamento de Aduanas e Impuestos Especiales de la Agencia Estatal de Administración Tributaria del Ministerio de Hacienda.
- Autoridad Científica: Dirección General de Conservación de la Naturaleza del Ministerio de Medio Ambiente.

CLASA, Centros Logísticos Aeroportuarios, SA
(www.clasanet.com)
Empresa propiedad de AENA (Aeropuertos Españoles y Navegación Aérea) encargada de la construcción, gestión y promoción de centros de carga aérea e instalaciones equivalentes en la red de aeropuertos gestionados por dicho ente público.

Clasa también ofrece servicios de consultoría especializada en la logística del transporte aéreo de mercancías y estudios de viabilidad en el sector de la carga aérea.

COACA, Colegio Oficial de Agentes y Comisionistas de Aduanas
Un colegio oficial de agentes y comisionistas de aduanas presta servicios sobre asesoramiento profesional, laboral, fiscal y legislación aduanera. Los 31 colegios existentes en España están adscritos al Consejo General de los Colegios de Agentes y Comisionistas de Aduanas.

DGAV, Dirección General de Aviación Civil
(www.mfom.es/aviacioncivil)
Autoridad aeronáutica española dependiente del Ministerio de Fomento.

ECAC, European Civil Aviation Conference
(www.ecac-ceac.org)
La Conferencia Europea de Aviación Civil (CEAC) es una organización intergubernamental para promover el desarrollo continuado de un sistema europeo de transporte aéreo seguro, eficiente y sostenible, respetando los requisitos ambientales.

Fue fundada en 1955 con la ayuda de la OACI (Organización Internacional de Aviación Civil) y por iniciativa del Consejo de Europa. Se compone de 38 Estados miembros.

ECB, European Central Bank (www.ecb.int)
El Banco Central Europeo (BCE) y los bancos nacionales constituyen el Eurosistema, el sistema de bancos centrales de la zona euro. Su principal objetivo es mantener la estabilidad de los precios, salvaguardando así el valor del euro.

ERAA, European Regional Airlines Association
(www.eraa.org)
Es la asociación que agrupa y representa a las compañías aéreas de transporte regional en Europa. Entre sus miembros se encuentran 80 compañías aéreas, 18 fabricantes de aviones y 118 suministradores de servicios.

EUROCONTROL, European Organisation for the Safety of Air Navigation (www.eurocontrol.int)
Organización Europea para la Seguridad de la Navegación Aérea, de la que España es miembro. La Agencia fue creada en 1960 y tiene como misión servir al tráfico aéreo en Europa, asegurando la seguridad, la fluidez y la economía para todos los usuarios del espacio aéreo, desarrollando soluciones europeas a problemas comunes. Actualmente, su meta más significativa es el desarrollo de un sistema de control coherente y coordinado del tráfico aéreo en Europa.

Tiene 28 Estados miembros y su sede principal está en Haren (Bélgica), en las proximidades del aeropuerto Nacional de Bruselas.

FAA, Federal Aviation Administration (www.faa.gov)
Agencia del gobierno federal de EEUU responsable de la reglamentación y promoción de la aviación. Se creó en 1958 para reemplazar a la Civil Aeronautics Authority (CAA), funcionando hasta 1966 como Federal Aviation Agency.

Regula y homologa a los pilotos, los aparatos, los aeropuertos, etc.; gestiona el sistema de control del tráfico aéreo, y supervisa e inspecciona las líneas aéreas, las academias, las instalaciones, etc.

Su normativa es de aplicación en EEUU, aunque su influencia en el resto de las legislaciones internacionales es muy fuerte. En definitiva, sus normas están presentes de una u otra forma en el ámbito mundial.

FEDAGSA, Federation of Airlines General Sales Agents (www.fedagsa.aero y www.fagsa.aero)
Federación internacional que agrupa a los agentes generales de ventas (GSA). Dispone de más de 100 entidades federadas.

FETEIA, Federación Española de Asociaciones de Transitarios (www.feteia.org)
Fue constituida en 1977 por las asociaciones provinciales Ateia y actualmente también están afiliadas directamente empresas de otras localidades donde no existe asociación provincial.

Está federada en la CEOE (Confederación Española de Organizaciones Empresariales), Clecat (Federación Europea de Asociaciones de Transitarios), Fiata (Federación Mundial de Transitarios) y Alacat (en calidad de Miembros Honorarios).

La función del transitario fue reconocida en España mediante la Ley de Ordenación del Transporte Terrestre (LOTT), en 1987.

FIATA, International Federation of Freight Forwarders Associations (www.fiata.com)
Federación internacional de asociaciones de transitarios a la que están vinculadas más de 40.000 empresas de todo el mundo. Está reconocida como organismo consultivo en varias organizaciones internacionales.

IATA, International Air Transport Association
(www.iata.org)
La Asociación Internacional de Transporte Aéreo fue creada en 1919 y agrupa a más de 280 compañías aéreas de todo el mundo. La misión de IATA es servir y representar a las compañías aéreas.

ICAO, International Civil Aviation Organization
(www.icao.int)
La Organización de Aviación Civil Internacional (OACI) es una agencia de las Naciones Unidas que tiene como objetivo desarrollar y promover reglas y regulaciones comunes para un transporte aéreo internacional seguro, regular, eficiente y económico. Fue creada en 1944 con la firma del Convenio de Chicago y tiene su sede en Montreal (Canadá). En la actualidad pertenecen a la OACI 185 Estados. España participa en esta organización desde su fundación y, de forma ininterrumpida, desde 1951 forma parte del Consejo que actúa como órgano ejecutivo entre asambleas.

ICC, International Chamber of Commerce
(www.iccwbo.org)
La Cámara de Comercio Internacional (CCI) es una organización no gubernamental creada en el año 1919, con sede en París (Francia).

Reúne a más de 7.500 empresas, bancos y asociaciones económicas de más de 140 países.

Sirve a la comunidad económica mundial mediante la promoción del comercio internacional de mercancías, de inversiones, apertura de mercados de bienes y servicios y

de la libre circulación de capitales. Posee el estatuto de organismo consultivo del más alto nivel ante las Naciones Unidas y mantiene estrechas relaciones con la OMC (Organización Mundial del Comercio), la OCDE, la UE, el Banco Mundial y otros organismos intergubernamentales o no gubernamentales.

ICEX, Instituto Español de Comercio Exterior
(www.icex.es)
El Instituto Español de Comercio Exterior (ICEX) es un organismo del Ministerio de Economía y presta sus servicios a las empresas españolas con la finalidad de impulsar y facilitar su proyección en los mercados internacionales. El ICEX desarrolla su actividad en el exterior a través de las oficinas económicas y comerciales de las embajadas de España y, en el interior del país, a través de las direcciones regionales y territoriales de comercio.

IFCBA, International Federation of Customs Brokers Associations (www.ifcba.org)
Federación internacional que agrupa a las asociaciones y organizaciones corporativas de agentes de aduanas.

IMF, International Monetary Fund (www.imf.org)
El Fondo Monetario Internacional (FMI) es un organismo de las Naciones Unidas, establecido mediante un tratado suscrito en 1945, con el fin última contribuir al desarrollo de la economía mundial. Tiene su sede en Washington y está formado por 183 Estados.

Es la institución central del sistema monetario internacional y entre sus fines consta evitar las crisis en el sistema monetario mundial, alentando a los países a adoptar medidas coordinadas de política económica. Asimismo, es también un fondo al que los países miembros pueden recurrir para superar los problemas de su balanza de pagos, mediante fórmulas de financiamiento temporal.

INE, Instituto Nacional de Estadística (www.ine.es)
El Instituto Nacional de Estadística (INE) es un organismo autónomo de carácter administrativo, adscrito al Ministerio de Economía de España a través de la Secretaría de Estado de Economía.

ISO, International Organization for Standardization
(www.iso.org)
La ISO (Organización Internacional de Estandarización) es una organización no gubernamental que dio inicio a sus actividades el 23 de febrero de 1947. Está formada por los institutos nacionales de los estándares de 147 países, con una secretaría central en Ginebra (Suiza).

JAA, Joint Aviation Authorities (www.jaato.com)
JAA es un organismo creado en 1990 en el ámbito europeo, asociado a la CEAC (Conferencia Europea de Aviación Civil). España es uno de los 36 países miembros de la organización, que tiene como objetivo conseguir unos niveles homogéneos de seguridad en el transporte aéreo.

Ministerio de Agricultura, Alimentación y Medio Ambiente (www.magrama.gob.es)
Ministerio español del que depende funcionalmente el Servicio de Inspección de Sanidad Animal y Sanidad Vegetal de los PIF (Puesto de Inspección Fronterizo).

Ministerio de Sanidad, Servicios Sociales e Igualdad
(www.msc.es)
Ministerio del que depende funcionalmente el servicio de inspección de los PIF (Puesto de Inspección Fronterizo) para los productos de uso y consumo humano, a través del Servicio Exterior y Veterinaria.

SITA, Société Internationale de Télécommunications Aéronautiques (www.sita.aero)
La SITA es una organización de las compañías aéreas que tiene como finalidad proveer a sus miembros de capacidad de comunicación de datos a través del mundo, mediante una red de conmutación de mensajes.

SOIVRE, Servicio Oficial de Inspección, Vigilancia y Regulación de la Exportación
El servicio de inspección Soivre de las direcciones territoriales y provinciales de comercio, dependiente de la Dirección General de Comercio e Inversiones, de la Secretaría de Estado de Comercio Exterior, realiza la inspección y control de calidad comercial de los productos objeto de comercio exterior indicados en la Orden ITC /2869/2009, que modifica la Orden PRE /3026/2003 por la que se dictan normas de inspección y control para las direcciones territoriales y provinciales de comercio.

Estos servicios son los encargados de emitir el certificado Soivre de Control de Calidad Comercial, según la Orden Ministerial de 24-2-95 y modificaciones, de los productos de exportación e importación hacia y desde países terceros, determinados por el Ministerio de Comercio, y los relativos al control de calidad de las frutas y hortalizas frescas en las operaciones comerciales entre España y el resto de los países miembros de la UE, en aplicación del Reglamento (CE) 2251/92.

Igualmente este servicio tiene asignada la función de inspección, control y emisión de los certificados Cites.

TIACA, The International Air Cargo Association
(www.tiaca.org)
Esta asociación internacional de carga aérea es la única organización que incluye todos los eslabones de la cadena logística. Su función principal es defender la industria de la carga aérea ante otras entidades y organismos.

UNO, Organización Empresarial de Logística y Transporte (www.unologistica.org)
Organización empresarial constituida por operadores logísticos y de transporte.

UPU, Universal Postal Union (www.upu.int)
Heinrich Von Stephan, funcionario de la Administración Postal de la Confederación de Alemania del Norte, sentó las bases en 1868 de un proyecto de unión postal. Propuso a su gobierno que se sometiera este proyecto a las deliberaciones de una conferencia de plenipotenciarios, que se reunió en Berna el 15 de septiembre de 1874, con la participación de 22 delegados de países (190 en la actualidad). Se clausuró con la firma del conocido Tratado de Berna, que consagro el primer convenio colectivo que reglamenta el servicio postal internacional y fundó la Unión General de Correos, que tres años más tarde tomó el nombre de Union Postal Universal, con sede central en Berna (Suiza).

WBG, World Bank Group (www.worldbank.org)
Fundado en 1944, el Grupo del Banco Mundial, del que España es miembro desde el año 1958, se compone de cinco instituciones afiliadas: el Banco Internacional de Reconstrucción y Fomento (BIRF), la Asociación Internacional de Fomento (AIF), la Corporación Financiera Internacional (CFI), el Organismo Multilateral de Garantía de Inversiones (OMGI) y el Centro Internacional de Arreglo de Diferencias Relativas a Inversiones (CIADI).

De conformidad con el Convenio Constitutivo del Banco Internacional de Reconstrucción y Fomento (BIRF), para ingresar un país como miembro del Banco tiene que adherirse primero al Fondo Monetario Internacional (FMI). Para poder ingresar un país en la AIF, la CFI y el OMGI, tiene que ser miembro del BIRF.

WCO, World Customs Association
(www.wcoomd.org)
La WCO fue fundada en 1952 como Consejo de Cooperación de Aduanas. Es una organización intergubernamental independiente cuya finalidad es desarrollar la efectividad de las administraciones de aduanas. Dispone de 159 Estados miembros.

WTO, World Trade Organization (www.wto.org)
La Organización Mundial del Comercio (OMC) es una organización intergubernamental que se ocupa de las normas que rigen el comercio entre los países, siendo su principal función el asegurar que los flujos comerciales circulen con la máxima facilidad, previsibilidad y libertad posible. Está integrada por casi 150 países que representan más del 97 % del comercio mundial. La sede de la secretaría se encuentra en Ginebra.

Anexo VIII

Glosario

Almacén de depósito temporal (ADT)
Almacén autorizado por la aduana para el depósito temporal de mercancías hasta la concesión de un destino aduanero.

Agente
Persona física o jurídica autorizada a actuar por cuenta de otra persona u organización.

Agente de aduanas
Persona física o jurídica que, por cuenta de terceros, realiza ante la aduana los trámites necesarios en el despacho de mercancías.

Agente de carga
Persona física o jurídica autorizada por las líneas aéreas para la recepción de las expediciones, confeccionar los documentos de conocimiento aéreo y cobrar las tarifas. Un agente de carga IATA es el reconocido por esta organización y que cumple los requisitos como agente registrado.

Agente desconsolidador
Agente que separa en partes individuales la mercancía consolidada.

Agente general de ventas (GSA)
Persona física o jurídica en la que ha sido delegada la representación de la compañía aérea.

Agente handling
Organización encargada por las compañías aéreas para la prestación de asistencia en tierra a los pasajeros, aviones, tripulaciones, mercancía y correo, autorizada por la autoridad aeroportuaria.

Agente transitario
Empresa especializada en la organización y gestión de la cadena de transporte internacional de mercancías en cualquiera de sus modos (aéreo, carretera, ferrocarril y marítimo).
Para su labor, el transitario contrata o realiza todas las operaciones necesarias: transporte físico de las mercancías, operaciones aduaneras, embalajes, consolidación y desconsolidación de cargas, almacenajes, seguros, trámites bancarios y documentarios, etc.
La actividad de la empresa transitaria se centra especialmente en el transporte en régimen de grupaje, además de ofrecer una amplia gama de prestaciones logísticas.
Su actividad está regulada en España por la Ley 16/1987 sobre Ordenación de los Transportes Terrestres (LOTT).

AKO, Asientos-kilómetros ofertados
Oferta del número de asientos por kilómetro.

Arancel
Tasa aduanera en las importaciones.

Avión de carga
Aeronave que, sin ser de pasaje, transporta mercancías y correo.

Avión combi
Aeronave que transporta pasajeros y mercancía en la cabina superior.

Avión convertible
Aeronave que con ligeras modificaciones se transforma de aeronave mixta a carguera y viceversa.

Avión mixto
Toda aeronave que puede transportar pasajeros, mercancía y correo.

Bulto
Producto completo de la operación de embalaje, consistente en el embalaje y el contenido.

Carga
Término equivalente a mercancía.

Carga en tránsito
Carga que llega a un aeropuerto en un vuelo y continúa a otro aeropuerto en el mismo vuelo, sea en el mismo o en distinto avión.

Carga en trasbordo
Carga que llega a un punto en un vuelo y continúa por medio de otro vuelo del mismo transportista o de un transportista en conexión.

Carga húmeda
Mercancía que contenga líquidos o que por su naturaleza pueda destilar líquidos o emitir grandes cantidades de humedad.

Carga perecedera
Mercancías que pueden deteriorarse después de un cierto tiempo, por estar expuestas a temperaturas diversas, humedades u otras condiciones adversas.

Carga peligrosa
Véase mercancías peligrosas.

Cargo
Cantidad a pagar por el transporte.

Cargo IMP
Procedimiento de intercambio de mensajes de carga desarrollado por las líneas aéreas.

sarrollado por las líneas aéreas.

Cargo mínimo
Cantidad económica mínima a cargar por el transporte de una expedición entre dos puntos, sin tener en cuenta el peso y el volumen.

Cargo por peso
Cargo por el transporte basado en el peso de la mercancía.

Cargo por valor
Cargo por el transporte basado en el valor declarado para el transporte.

Cargo por volumen
Cargo por el transporte basado en el volumen de la mercancía.

CASS
Sistema de compensación de cuentas bancarias entre compañías y agentes de carga IATA.

Comercio electrónico
Operaciones comerciales a través de internet.

Conocimiento aéreo
Contrato de transporte entre el expedidor y la compañía aérea. En ingles, *Air Waybill* (AWB).

Consignatario
Persona física u organización a la debe ser entregada una expedición. Equivalente a destinatario.

Consolidación
Envío formado por diferentes bultos originados por más de una persona u organización y destinados a distintos consignatarios. Cada uno de los remitentes ha efectuado un contrato de transporte con un agente de carga consolidador o transitario. Equivalente a envío consolidado.

Consolidador
Persona u organización que realiza la consolidación de mercancías.

Contenedor
Véase dispositivo unitario de carga.

Contingente
Límite de cantidad de producto a importar, establecido por el gobierno de cada país.

Contrato *charter*
Acuerdo especial por el que el transportista, mediante una operación concertada, pone a disposición del expedidor toda la capacidad del avión.

Crédito documentario
Carta de crédito (CD) - *Letter of credit* (L/C)
Sistema que asegura el cobro al exportador, mediante la actuación de un banco a petición del importador, que paga al exportador si se cumplen los términos y condiciones del crédito.

Declaración sumaria
Declaración a la aduana de las mercancías que se transportan en los vuelos. Equivalente a manifiesto de carga.

Derechos especiales de giro (SDR)
Activo en reserva, usado como unidad de cuenta, según es definido por el Fondo Monetario Internacional (IMF).

Despacho telemático vía EDI
Tramitación aduanera mediante sistemas informáticos.

Destinatario
Equivalente a consignatario.

Dispositivo unitario de carga, "ULD"
Toda variedad de contenedor de carga, contenedor de aeronave, plataforma con red o plataforma con red sobre un iglú.

DUA, documento único administrativo
Documento de despacho aduanero.

E-commerce
Véase comercio electrónico.

EDI *(Electronic Data Interchange)*
Sistema estructurado de intercambio de datos mediante mensajes estandarizados.

Envío
Uno o más bultos de mercancía que un transportista acepta de un expedidor de una sola vez y en un mismo sitio, destinado a un mismo consignatario y dirección.

Envío consolidado
Equivalente a consolidación.

Expedición
Equivalente a envío.

Expedidor
Toda persona que en su nombre o en el de una organización envía la mercancía y figura en el conocimiento aéreo como la parte que contrata con el transportista.

GCR
Tarifa General de Carga (GCR).

GMT
Hora Meridiano de Greenwich

GSA
Véase Agente general de ventas.

***House air waybill* (HAWB)**
Documento que acredita cada envío individual en una mercancía consolidada. Contrato de transporte entre el expedidor y el agente consolidador.

Hub
Punto donde convergen varios vuelos de una red. Mediante vuelos de aporte se alimenta la capacidad de trans-

porte disponible en un aeropuerto *hub*.

Incoterms *(International Commercial Terms)*
Conjunto de reglas internacionales, de aceptación voluntaria por las partes, que determina la responsabilidad de cada una en las distintas fases del proceso de transporte.

JIT *(Just in Time)*
Sistema de fabricación y entrega "justo a tiempo" de componentes o productos en un proceso de producción, en el momento y en las cantidades que se precisen.

Joint venture
Empresa o proyecto en el que participan dos o más sociedades, manteniendo su independencia en el resto de operaciones.

Levante
Documento de autorización de la aduana para la retirada de la mercancía del recinto aduanero o embarque.

Coeficiente de ocupación *(Loft factor)*
Índice de ocupación en relación con la oferta.

Lower deck
Compartimentos o bodegas inferiores de la aeronave.

Main deck
Compartimiento o cabina superior de la aeronave.

Manifiesto de carga
Documento con la relación de expediciones que se transportan en un vuelo. Su cumplimentación es obligatoria aunque no se transporte carga en el vuelo.

Manifiesto de trasbordo
Documento acreditativo de la transferencia de mercancía entre compañías.

Master air waybill **(MAWB)**
Conocimiento aéreo que ampara una expedición consolidada en el que el agente consolidador figura como expedidor de la mercancía.

Mercancía peligrosa
Todo artículo o sustancia que por su naturaleza o condiciones, cuando se transporta por vía aérea, puede generar o desprender humos, gases, vapores o polvos de naturaleza peligrosa y constituir un riesgo importante para la salud, la seguridad o la propiedad.

Mercancías perecederas
Mercancía que puede deteriorarse después de un cierto período de tiempo, o por estar expuesta a diferentes temperaturas, humedades u otras condiciones adversas.

Maximun take-off weight **(MTOW)**
Peso máximo en el despegue de una aeronave, certificado por el fabricante.

Maximum landing weight **(MLW)**
Peso máximo autorizado para el aterrizaje.

Maximum zero fuel weight **(MZFW)**
Peso máximo de la aeronave con la totalidad de la carga (pasajeros, mercancía, correo, equipajes, etc.), sin combustible.

Narrow body **(NB)**
Aeronaves de fuselaje estrecho. Un único pasillo en la cabina de pasajeros.

Operador logístico
Operador que puede abarcar el conjunto de las operaciones de transporte, el almacenamiento, los servicios auxiliares del transporte, la distribución física, la manutención, la manipulación y preparación de cargas, la organización de los sistemas de información y la gestión de los flujos de mercancías.

Outsourcing
Modelo de gestión en el que una empresa cede la dirección y la ejecución de diferentes operaciones a otras externas especializadas.

Peso bruto
El peso total del bulto tal y como se presenta para el transporte.

Puestos de inspección fronterizos (PIF)
Fronteras autorizadas por la Comisión de la Unión Europea para la introducción de determinados productos procedentes de terceros países.

Parte de irregularidades (PIR)
Documento acreditativo de irregularidades en la entrega.

Pasajeros-Kilómetro transportados (PKT)
Número de pasajeros transportados por kilómetro.

Toneladas-Kilómetro ofrecidas (TKO)
Oferta de toneladas a transportar por kilómetro.

Toneladas-Kilómetro transportadas (TKT)
Cantidad de toneladas transportadas por kilómetro.

Resguardo fiscal
Puesto de control aduanero situado en el interior de las terminales de carga y desempeñado por miembros de la Guardia Civil, con dependencia funcional del administrador de aduanas del aeropuerto.

Road feeder service **(RFS)**
Servicio de camión sustitutivo del avión.

Servicios de inspección en frontera (paraduaneros)
Servicios públicos (Sanidad, Agricultura, etc.) que intervienen en la actividad de la carga aérea, cuyo dictamen y certificación es previo al despacho de aduanas en determinadas mercancías y tráficos.

Slot
Autorización para despegar o aterrizar una aeronave en la franja horaria solicitada.

Tarifa
Cantidad cobrada por el transporte de una unidad de peso, volumen o valor de las mercancías.

Transferencia
Efecto de entrega de la expedición a otro transportista en el punto de transferencia.

Transitario
Véase Agente transitario.

ULD
Véase Dispositivo unitario de carga.

Wet lease
Operación de arrendamiento de aeronave que incluye avión, tripulación, mantenimiento y combustible.

Wide body **(WB)**
Aeronave de fuselaje ancho. Cabina de pasajeros con más de un pasillo.

Yield management
Sistema que utilizan las compañías aéreas para fijar los precios y maximizar los ingresos.

Yield **(Rendimiento unitario de explotación)**
Ingreso medio por tonelada-kilómetro transportado.